SENDEROS
DE LA
VISIÓN PURA

Las Historias, las Visiones Filosóficas y las
Prácticas de las Tradiciones Espirituales Actuales del Tibet

POR SHAR KHENTRUL JAMPHEL LODRÖ
TRADUCIDO POR JULIO CÉSAR GONZÁLEZ NAVA

Dzokden

Autor: Shar Khentrul Jamphel Lodrö
Traductor y editor original: Michael R. Sheehy
Traducción al Español: Julio César González Nava

Primera Edición

IISBN Libro de Bolsillo (Edición en Español): 978-1-958229-02-6
ISBN ePub (Edición en Español): 978-1-958229-03-3

Publicado por:
DZOKDEN

Este trabajo fue producido por Dzokden, una institución sin fines de lucro operada enteramente por voluntarios. Esta organización está dedicada a propagar una visión no sectaria de todas las tradiciones espirituales del mundo y a enseñar el budismo en una forma completamente auténtica y al mismo tiempo práctica y accesible a la cultura occidental. Está especialmente dedicada a difundir la tradición Jonang, una rara joya de una parte remota de Tíbet que conserva las preciadas enseñanzas del Kalachakra.

Para obtener más información sobre las actividades programadas o materiales disponibles, o si desea hacer una donación, comuníquese con:

Dzokden
3436 Divisadero Street
San Francisco, California
USA 94123

www.dzokden.org
office@dzokden.org

Hay una medicina para cada enfermedad.
Para algunos, el sendero no es apropiado.
Para otros, es sumamente apropiado.
Esta es la esencia de la Filosofía Rimé.

— *Khentrul Rinpoche* —

CONTENIDO

༄༅། །འཛམ་གླིང་མཁན་པོ་འཛམ་དཔལ་རྡོ་རྗེས་ནས་བོད་གངས་ཅན་སྐྱོངས་
སུ་དར་བའི་རྟེ་ནང་ས་དགེ་བཀའ་རྙིང་བོན་དང་བཅས་པའི་ཆོས་བརྒྱུད་ཀྱི་བླ་གྲུབ་
ཡོ་རྒྱས་རོབ་བསྐུས་ཤིག་ཁྲིས་འདུག་པ། རྗོ་གསར་ཆོས་བརྒྱུད་ཁག་གི་གནས་ཆུལ་
དོན་གཉེར་ཅན་ལ་ཕན་ཐོགས་ཡོང་དེས་སུ་མཐོང་། རང་རེ་གངས་ལྗོངས་ཀྱི་སྐྱེས་
མཆོག་བླ་མ་གོང་མ་རྣམས་ཀྱི་ལྔ་གྲུབ་བཞིན་སྲོལ་ཁག་གདུལ་བྱའི་ཁམས་དང་ཚོས་
པ་དང་དམ་པ་རང་རང་གི་ཉམས་མྱོང་བཅས་དང་བསྟུན་ནས་གསུང་སྟངས་མི་འདྲ་
བ་དང་། དམ་པ་ཕན་ཚུན་ཡུང་རིགས་ཀྱིས་དགག་གཞག་མཛད་པ་དེ་དག་རྣམ་
དཔྱོད་རྡོ་ཚལ་གོང་དུ་སྤྱིལ་བའི་ཆེད་དུ་ཡིན་གཤིས། མཐར་ཐུག་གི་དགོངས་པ་
ཇི་ཡིན་དཔོག་དཀའ་བས། རང་རང་རྣམ་དཔྱོད་ཤེས་རབ་ཀྱིས་དཔྱད་དེ་བགོ་
སྐལ་ལེན་པར་རིགས། དུས་ཀུན་དགེ་བའི་རྒྱབས་སྤྲིན་བཅས། སྐུ་ཀྱིའི་དགེ་སློང་
དུ་པའི་བླ་མས། རབ་བྱུང་བཅུ་བདུན་པའི་རྒྱ་ལུག་ཟླ ༧ ཚེས ༣༩ ཕྱི་ལོ
༢༠༠༣ ཟླ ༥ ཚེས ༣༡ ལ།། །།

PREFACIO

Por su Santidad el Dalai Lama

En su libro, *Senderos de la Visión Pura*, Khentrul Jamphel Lodro Rinpoche del Monasterio Dzamthang ha escrito de forma concisa sobre las diferentes características de los linajes, visiones filosóficas, y las prácticas de las tradiciones espirituales Jonang, Sakya, Gelug, Kagyu, Nyingma y Bon que florecieron en la tierra nevada del Tíbet. Su arduo trabajo le ha llevado a presentar éstas tradiciones espirituales de tal manera que nos brinda un entendimiento y una nueva perspectiva, resaltando lo más valioso acerca de ellas.

Nuestros anteriores profesores sublimes y maestros espirituales de la Tierra de las Nieves enseñaron varias visiones filosóficas, prácticas y costumbres de diferentes maneras, de acuerdo con las experiencias personales, disposiciones, inclinaciones y las distintas capacidades intelectuales de los estudiantes. Pues estos maestros espirituales desarrollaron deliberadamente el discernimiento y la agudeza mental al establecer sus refutaciones basadas en las escrituras budistas y el razonamiento lógico, siendo de supremo beneficio para los seres.

Dado que la intención última de las enseñanzas de Buda es difícil de comprender, les insto a que utilicen su propia sabiduría discriminatoria para estudiar estas enseñanzas y luego determinar si pueden aceptarlas y usarlas para beneficio.

Hago plegarias para estar siempre conectado con lo que es un refugio de virtud.

Monje del Buda Shakyamuni, el Dalai Lama
El sexto mes del año de la oveja de agua del decimoséptimo Rabjung
Agosto de 2003

INTRODUCCIÓN DEL TRADUCTOR

La traducción de *Senderos de la Visión Pura* escrita por Khentrul Jampel Lodro Rinpoché representa una gran oportunidad de aprendizaje sobre las historias, visiones filosóficas y prácticas de las tradiciones espirituales vivas del Tíbet. Siendo una excelente enseñanza impartida por un Maestro Rimed o no sectario tal como Khentrul Jampel Lodro Rinpoché, quien se formó, principalmente, en la tradición budista Jonang, siendo un adepto del Tantra de Kalachakra y la visión distintiva de *zhentong*, por lo que su mente de sabiduría nos ofrece una obra que consta de ocho capítulos y un epílogo.

En el capítulo I Rinpoché nos hace comprender que la Tradición Bon es indiscutiblemente una manifestación mágica de sabiduría y método, y del cómo el budismo tibetano fue influenciado, en gran medida, por muchas de las prácticas derivadas del Bon.

El capítulo II, es una breve introducción al budismo, siendo una extraordinaria y concisa explicación de las enseñanzas budistas de la base, el camino y la fruición, así como la visión, meditación y conducta.

En este contexto, el capítulo III, Rinpoché nos brinda una reseña de la historia de vida del Buda Shakyamuni y del budismo en India después de Buda.

El capítulo IV, Rinpoché de una manera concisa nos ofrece una descripción del florecimiento y consolidación del budismo tibetano. Asimismo, nos explica el por qué surgieron diferentes tradiciones, las cuales se distinguen por sus puntos de vista filosóficos y sus sistemas tántricos tales como la tradición *zhentong o rangtong* Madhyamaka, la Tradición de Traducción Temprana o "Ningma", o bien las Tradiciones de Traducción Posterior o "Sarma". No obstante, sin considerar sus diferencias, estas visiones filosóficas derivan del mismo modelo base, camino y fruición y, en consecuencia, su propósito es el de obtener la iluminación. De este modo, este capítulo, en su parte final, se ocupa de la Tradición Nyingma Temprana y Tardía.

En los capítulos V y VI Rinpoché no conduce por el sendero de la Tradición Sakya y Kagyu respectivamente, mediante una explicación concisa de su historia, visiones filosóficas y prácticas de estas tradiciones.

Por otra parte, el capítulo VII, del mismo modo que en los otros capítulos, Rinpoché nos explica sobre la Tradición Jonang, su historia, visiones filosóficas y prácticas, adentrándonos en la visión filosófica de esta tradición a la cual también se le denomina zhentong", "otro vacío" o "vacío extrínseco", debido a su significado, ya que la naturaleza última de la realidad está vacío de todo lo que es falso en la realidad relativa superficial.

El capítulo VII resume de manera extraordinaria, sin dejar de lado los precedentes capítulos, la historia, visiones y prácticas de la Tradición Geluk.

En el Epílogo, Rinpoché nos ofrece un gran resumen sobre las cinco tradiciones filosóficas budistas tibetanas y sus fundadores. Las cuatro tradiciones sobrevivientes actuales más conocidas del período de traducción temprana son Sakya, Kagyu, Jonang y Geluk, explicando que la tradición Jonang se estableció aproximadamente un siglo después de la tradición Kagyu. Tradiciones filosóficas que en unidad persiguen una sola intención, pues comparten las mismas enseñanzas del Buda Shakyamuni, tomando en cuenta que los grandes fundadores de los linajes de enseñanza del budismo tibetano poseían con una mente de sabiduría.

Esta traducción representa para mí una gran oportunidad y enseñanza. He puesto un especial interés por traducir *Senderos de la Visión Pura* al idioma español, por lo que quisiera compartir con los lectores mi más profunda gratitud y respeto a Khentrul Jampel Lodro Rinpoché por esta gran oportunidad de poder traducir una recopilación de sus preciosas obras con las que ahora contamos. Emergiendo una especial devoción por Rinpoché, quien tiene una infinita compasión hacia todos los seres.

Cualquier error de traducción que el lector pueda detectar en esta obra será debido a mi propia ignorancia.

¡Que los lectores obtengan un gran beneficio al leer *Senderos de la Visión Pura*!

TRADUCCIÓN ORIGINAL Y PREFACIO DEL EDITOR

Hasta hace poco, el mundo fuera del Tíbet pensaba que la tradición Jonang estaba extinta. A finales de la década de 1980, los rumores sugirieron que este linaje budista había sobrevivido a la persecución del siglo XVII en el Tíbet Central. A principios y mediados de la década de 1990, los eruditos occidentales comenzaron a establecer contacto con esta tradición poco conocida en su tierra natal de en el lejano Tibet oriental. En la actualidad, a más de una década después, tenemos ejemplos de la tradición Jonang con Khentrul Jamphel Lodro Rinpoche viviendo en Occidente, dando enseñanzas, transmisiones, empoderamientos y escribiendo libros tales como este.

Como el primer libro traducido al idioma inglés y ahora al español sitúa la tradición Jonang dentro del contexto de las otras cuatro Tradiciones budistas tibetanas y la antigua tradición Bon, *Los Senderos de la Visión Pura* es un relato conciso de la historia, las visiones filosóficas y las prácticas de las principales tradiciones espirituales vivas del Tíbet. Escrito más de un siglo después de que los grandes maestros Jamgon Kongtrul Lodro Thaye (1813-1899) y Jamyang Khyentse Wangpo (1820-1892) iniciaran el enfoque Rimed o no sectario de la filosofía y la práctica del budismo tibetano en el este del Tíbet, los escritos de Khentrul Rinpoche reflejan este espíritu imparcial, así como la visión Jonang *zhentong* y el linaje Kalachakra conjugan una dimensión integral del movimiento Rimed. Como uno de los pocos autores modernos de la escuela Jonang y un maestro del enfoque no sectario, Khentrul Jamphel Lodro Rinpoche nos ofrece una visión tanto de su propia tradición Jonang tal como de la visión Rimed.

Afortunadamente, la Dra. Cynthia Williams fue testigo de cómo Khentrul Rinpoche escribía *Los Senderos de la Visión Pura* en hojas sueltas de papel con un lápiz. Ésto, mientras estaba sentado en el suelo de una casa en Dharamsala, India. Con el apoyo del estadounidense Ani Saldron, el erudito tibetano Tenchong y Jonang Tulku Kunga Zangpo. La edición tibetana de este libro se publicó en Nueva Delhi (Indraprastha Press, 2003). Más tarde, el Dr. Williams me pidió que tradujera esta versión tibetana al inglés. Ahora, Estamos felices de presentar las palabras y la sabiduría de Khentrul Jamphel Lodro Rinpoche a la audiencia de habla hispana.

Notas Técnicas

Debido a la urgencia por publicar este escrito, la edición actual de este libro se publica en estilo tibetano, es decir, sin citas de las menciones incluidas en el texto. Si una futura edición es posible, es mi deseo que las referencias para cada una de las citas se coloquen en las notas finales, y que se incluya una bibliografía completa de fuentes tibetanas. Un índice de nombres, lugares y términos también sería una adición útil. En esta edición actual, los nombres tibetanos de los textos citados y las listas numéricas se proporcionan en la transliteración de Wylie como anotaciones dentro de las notas finales. Los términos técnicos budistas seleccionados junto con sus definiciones y transliteraciones se incluyen en el glosario. Los nombres de los textos tibetanos se tradujeron al inglés dentro del cuerpo del libro, mismos que a su vez ahora se traducen al español. Los términos filosóficos budistas indios conocidos como "Madhyamaka" y "nirvana", los nombres indios como "Nagarjuna" se representan fonéticamente en sánscrito sin signos diacríticos. Manteniéndose fiel al texto tibetano, la mayoría de los nombres propios como "Dolpopa", lugares tales como "Samye" y términos populares tales como "Dzogchen" y "zhentong" se representan fonéticamente en tibetano.

Agradecimientos

Por su apoyo durante el proceso de la traducción de este libro, me gustaría agradecer a mi maestro Khenpo Kunga Sherab Saljay Rinpoche por ayudarme a comprender los pasajes de los Seis Yogas incluidos en este libro, y por su guía en mis estudios, práctica y trabajo de traducción; Khentrul Jamphel Lodro Rinpoche por trabajar conmigo en esta traducción y por su paciencia derivado de mi ajetreado estilo de vida de estudiante de posgrado; Tulku Kunga Zangpo por sus discusiones sobre Jonang y de la visión *zhentong;* A la Dra. Cynthia A. Williams por su apoyo financiero que hizo posible este libro, así como su ilimitado entusiasmo en la tradición Jonang, al profesor Steven D. Goodman por su continuo asesoramiento y sus sugerencias con algunas de las opciones de traducción; Erik Pema Kunsang, Richard Barron (Chokyi Nyima), Gene Smith y Cyrus Stearns por su tutoría.

¡Que los budas de los tres tiempos sonrían ante esta traducción! Sarva Mangalam!

Michael R. Sheehy
Monasterio Jonang Jamdha
Facultad de Estudios Budistas de las Cinco Ciencias
Golok, Amdo, Tíbet Provincia de Qinghai, China
21 de octubre de 2005

INTRODUCCIÓN

Tradiciones Vivas del Tíbet

He escrito *Los Senderos de la Visión Pura* porque he notado que personas de todo el mundo ahora se están interesando en el budismo tibetano. Por ejemplo, cristianos y personas de diferentes religiones, chinos, japoneses, birmanos y otros budistas asiáticos, científicos sin orientación religiosa alguna y, en particular, muchas personas de Occidente han mostrado interés por el budismo tibetano. Debido a ello, he decidido escribir éste libro para explicar las diversas tradiciones del budismo en el Tíbet y abordar algunas de las complejidades relativas a estas tradiciones.

En términos generales, uno puede preguntarse, si existen diferencias entre la base, el sendero, la perfección y la visión, la meditación y la conducta del budismo del tíbet y las tradiciones budistas de otros países. Desde un punto de vista general, no existen diferencias significativas en la visión, la meditación y la conducta de las diversas tradiciones budistas. Por lo general, las discrepancias se perciben debido a la falta de experiencia con las prácticas espirituales del budismo. Aunque el budismo tiene muchos senderos y niveles de realización, las tradiciones budistas tibetanas son únicas porque abarcan la totalidad de lo que Buda enseñó.

Además de las diferencias superficiales en los usos y costumbres de las culturas, las múltiples tradiciones del budismo se entrelazan en un solo espíritu. A razón de que todas estas enseñanzas provienen del mismo maestro, y todas sus técnicas de enseñanza están dirigidas hacia el mismo objetivo, alcanzar la budeidad. Sin embargo, aun cuando las pequeñas diferencias entre las tradiciones budistas pueden parecer contradictorias, sus prácticas subsidiarias, el cómo refinan su visión filosófica y cómo emplean sus técnicas de meditación y ética reflejan la variedad de los hábiles medios de Buda. Dado que las diferentes enseñanzas de Buda son tales como las medicinas para curar diferentes tipos de enfermedades espirituales, no hay una sola enseñanza o medicina para ninguna enfermedad en particular.

El budismo también se distingue de otras religiones en que ofrece una extensa ciencia de la mente. Esta ciencia contemplativa tiene la capacidad de detectar a través de la deducción experiencial ciertos fenómenos no obvios que la ciencia empírica moderna es actualmente incapaz de detectar. Debido a esto, las prácticas de la meditación se pueden utilizar como modelo para la ciencia moderna con el fin de estudiar las facetas más sutiles de la conciencia. Además de ello, el budismo aporta un repertorio diverso de formas y métodos para desarrollar las cualidades psicológicas interiores, lo cual la ciencia moderna no puede hacer.

Cuando alguien sabe cómo practicar el budismo, infaliblemente, las situaciones cotidianas de esta vida se enriquecen con bienestar y felicidad. Esto sigue naturalmente sin esfuerzo, tal como la leña ardiendo en el fuego. Un practicante budista descubre cómo las preocupaciones mundanas fugaces no son lo más importante, sino la gran dicha continua que se experimenta a través de las vidas sucesivas. Al ser una tradición espiritual viviente, el budismo tiene la increíble capacidad de producir no solo un bienestar temporal, sino la felicidad suprema para uno mismo y para todos los seres vivos.

Para hacer esto, es imperativo que uno traiga a su propia experiencia toda la gama de cualidades positivas cultivando un sendero de métodos convenientes. Dado que el budismo tibetano incorpora múltiples métodos para lograr la iluminación, un gran número de personas se han interesado en las tradiciones budistas tibetanas.

El budismo tibetano es vasto y profundo. Abarca una diversidad de instrucciones sobre la práctica espiritual, y es esta diversidad la base de las diferentes tradiciones del budismo tibetano. He decidido escribir sobre las historias, visiones filosóficas y la prácticas de estas tradiciones no solo porque no haya habido trabajos anteriores, ya que existen muchos libros sobre estos temas, sino porque la mayoría de estos trabajos tienden a ser inaccesibles para el lector en general o fueron escritos por eruditos que están parcializados con sus propias visiones filosóficas.

Si bien, hoy en día personas de todo el mundo muestran interés en estudiar y comparar las diferencias entre el budismo tibetano y las tradiciones budistas de otros países, debido a que no existe un conocimiento profundo de ninguna tradición, fomentando así muchos malentendidos. Esto ha sucedido en el pasado, está sucediendo ahora y ciertamente sucederá en el futuro. Pensando que las visiones filosóficas y las prácticas de las diferentes tradiciones budistas se contradicen entre sí, se puede concluir, de manera errónea, que una visión filosófica es superior mientras que otra es inferior. En este contexto, las personas que no comprenden la esencia de la religión y que no están familiarizadas con las visiones filosóficas y las prácticas del budismo pueden juzgar de manera errónea estas tradiciones. Considerando las razones expuestas, es importante comprender las diversas tradiciones budistas para evitar más nuevos malentendidos.

En el Tíbet, actualmente existen cinco tradiciones budistas principales. Estas tradiciones se dividen y categorizan según sus sistemas filosóficos y meditativos. Entre estas tradiciones budistas tibetanas sobrevivientes, la tradición Jonang presenta sus propias visiones filosóficas y prácticas meditativas distintivas. Dado que no está incluida en los documentos oficiales del gobierno tibetano en el exilio, esta tradición es en gran parte desconocida para el mundo fuera de la meseta tibetana. En consecuencia, muchos lectores interesados y practicantes budistas no han tenido acceso a esta tradición viva. Teniendo en cuenta que la tradición Jonang puede ser nueva para muchos lectores, he escrito una descripción más detallada de su historia, visiones filosóficas y prácticas. Si por alguna razón no puedes leer este libro de principio a fin. Te sugiero que vayas directamente al Capítulo VII, ya que en este capítulo puedes encontrar una historia fascinante.

CAPÍTULO I

LA TRADICIÓN BON

RELIGIÓN ORIGINARIA DEL TÍBET

Antes de la llegada del budismo, la religión del Tíbet era "Bon", y "Bonpo" correspondía al nombre originario del pueblo tibetano. Hoy en día, existen varios desacuerdos entre los estudiosos del Tíbet con respecto a la autenticidad del pensamiento Bon, sus prácticas, sus orígenes y cómo se relaciona con el budismo. Algunos incluso sugieren que Bon no era una religión real, lo que implica que en la época del Rey del Dharma tibetano, Trisong Deutsen, con la manifestación milagrosa de Padmasambhava, gran maestro tántrico de Urgyen y al gran sabio-bodhisattva Shantarakshita, de Nalanda, la tradición Bon fue subyugada hasta el grado de desaparecer. Si bien es cierto que durante los siglos VII y VIII D.C. la tradición Bon se degeneró, también es cierto que esto podría deberse a un lapso en el estatus social de su pensamiento y su práctica, o un lapso en la ética de sus escrituras y su razonamiento. También es posible que esto se debió a la persecución política.

Algunos eruditos sugieren que hay dos tradiciones Bon: la tradición actual conocida como Yungdrung Bon y una tradición anterior. La tradición Bon originaria existía antes del maestro Shenrab, y debido a ello, sus visiones filosóficas y sus prácticas se consideran erróneas por estos estudiosos del Tíbet. Aun cuando esta tradición Bon anterior fue vencida por Padmasambhava, son pocos los que dicen que las visiones filosóficas y las prácticas de la tradición actual de Yungdrung Bon están viciadas. Sin embargo, hay otros que insisten en que el Bon anterior nunca fue una tradición genuina, y que el Bon de hoy imita al budismo, haciendo del Bon actual un Bon irreal. Tomando todo esto en consideración, podría ser que la tradición Bon actual imita gran parte del budismo; por otro lado, el budismo tibetano fue influenciado en gran medida por muchas de las prácticas derivadas del Bon. De esta forma, el Bon y el budismo se han absorbido, beneficiándose una a la otra. Si podemos decir algo al respecto, creo que esta es la conclusión imparcial.

Hoy en día, tanto en el Tíbet como en la India, la base, el sendro, la perfección, así como la visión, la meditación y la conducta de la tradición Bon es indiscutiblemente auténtica. De hecho, no he presenciado diferencia mínima entre el Bon y el budismo. Teniendo esto en cuenta, parece que vale la pena que los practicantes budistas respeten por igual y aprendan sobre la tradición Bon. También he conocido y he visto a algunos extraordinarios practicantes Bon que ejemplifican la auténtica espiritualidad de esta tradición, dando razón para que todos aprendan sobre la magnífica tradición espiritual Bon.

En la dirección nevada del norte, en el suelo de esta Tierra semejante a una joya,
La manifestación mágica de la sabiduría y método, Shenrab Thubpa,
Descendiendo del largo acorde celestial de los dioses de Yungdrung,
Destinado al nevado Tíbet, ¡eres el esplendor de la excelencia!

CAPÍTULO II

UNA INTRODUCCIÓN BREVE AL BUDISMO

LA DOS VERDADES

No obstante, a la ya existencia de precursores de la diseminación del budismo que data del siglo IV d.C., el florecimiento del budismo en el Tíbet tuvo lugar en el siglo VII d.C. A lo largo del siglo VIII d.C., el sutra budista y las enseñanzas del tantra fueron transmitidas al Tíbet provenientes de la India. De los cuatro sistemas filosóficos representativos del budismo indio, las enseñanzas Madhyamaka o la filosofía del Sendero Medio se extendieron ampliamente en todo el Tíbet.[1] Para explorar más a fondo este tema, presentaré una sinopsis de la base, el sendero y la perfección junto con la visión filosófica, la meditación y la conducta del budismo.

Existen dos verdades que son la base de todos los objetos de conocimiento. Estas dos verdades que lo abarcan todo se conocen como la "verdad convencional" y la "verdad última".[2] La verdad convencional es la conciencia de los seres ordinarios. En este contexto, la conciencia ordinaria

---

1   Los cuatro sistemas filosóficos (*grub mtha 'bzhi*) derivados del budismo indio. Estos son: 1) Sarvastivadin; 2) Vaibhaisika; 3) Yogacara; 4) Madhyamaka

2   Los dos tipos de verdad son la verdad convencional (*kun rdzob bden pa*) que abarca el nivel aparente relativo de la realidad, y la verdad última (don dam bden pa) que abarca el nivel absoluto de la realidad.

de ver, oír, saborear, oler y tocar, así como las formas, sonidos, olores, sabores y texturas corresponden a estos tipos de conciencia. Para la mente no examinada o no analizada, la co-emergencia transitoria de la conciencia con un objeto parece real. Debido a que esta falsa experiencia es inestable y engañosa, designa la verdad de la realidad convencional.

La verdad última es lo que no aparece naturalmente a las mentes no examinadas o no analizadas de los seres ordinarios. Es el significado final absoluto descubierto a través de la lógica y el razonamiento, la naturaleza de todos los fenómenos que es incomprensible e imperceptible para las mentes ordinarias. Esta naturaleza última de la realidad solo se reconoce directamente durante la primera etapa del sendero del bodhisattva hacia el despertar.[3] Debido a que esta es la verdad de la realidad fáctica, se dice que es la verdad de la realidad última.

La Base, el Sendero y la Perfección

La percepción simultánea de estos dos niveles de realidad ocurre directamente durante la omnisciencia de la budeidad. Estas dos verdades son la base sobre la cual la bondad y la maldad, la felicidad la tristeza, y todo lo que se puede conocer está organizado y establecido. Esto es la "base" o el "fundamento" de estas dos verdades

El siguiente es el "sendero" o la forma en que se adquieren las dos acumulaciones: la acumulación de méritos y la acumulación de sabiduría. La acumulación de sabiduría es un proceso de familiarizarse con esta misma y comprender la realidad absoluta y permanente, entonces se conoce la naturaleza de todo. Esto no se comprende ni se enseña fácilmente. El método para darse cuenta de cómo beneficiar de manera espontánea y sin esfuerzo a los seres sensibles, tales como un futuro buda, es meditar en realizar ahora las cualidades de la bondad amorosa y la compasión. Para hacer esto, es esencial practicar diferentes meditaciones, tales como las de generosidad, ecuanimidad, paciencia, etc.

Darse cuenta de la naturaleza de todo lo conocible (la sublime

---

3   Generalmente hay diez niveles o etapas (*sa bcu*) en los que un bodhisattva progresa hacia la budeidad.

realidad de los fenómenos) es un proceso de aprendizaje que comienza con escuchar, reflexionar, y luego unir el análisis con la meditación de la estabilización. Finalmente, una vez agotadas todas las inhibiciones y existe un reconocimiento de cómo estamos dotados de cada cualidad iluminada, la budeidad se realizará. Este es el estado supremo que cada individuo es capaz de alcanzar.

La culminación del sendero se conoce como "la perfección", el estado perfeccionado de la budeidad. Este es el estado que ha abandonado las causas y los resultados de la infelicidad, mientras que ha impedido que los propios patrones de malestar emocional puedan volver a ocurrir, de modo que, no existe separación de la inmutable felicidad suprema. Alcanzar la budeidad es beneficiar a los seres de forma espontánea y sin esfuerzo hasta que el samsara se vacíe por completo.

La Visión, la Meditación y la Conducta

Para convertirse en un buda plenamente realizado, existen tres principios conocidos como la visión, la meditación y la conducta. Estos tres principios forman la base de los cuatro sistemas filosóficos budistas indios: Vaibhashika, Sautrantika, Cittamatra y Madhyamaka. Estos luego se caracterizan aún más en los vehículos ordinarios y extraordinarios.[4] A través de sus medios y sus sabiduría, los primeros reyes del Dharma, traductores y eruditos en el Tíbet lograron que el sistema Madhyamaka de los vehículos extraordinarios influyera principalmente en la visión, mientras que el sistema Vaibhashika del vehículo ordinario influyó en la conducta. De este modo, la visión Madhyamaka es predominante entre las tradiciones budistas tibetanas.

Debido a métodos ligeramente distintos y las técnicas diversas de interpretar la visión Madhyamaka, surgieron diferentes tradiciones budistas en el Tíbet. Sin embargo, por muy distintivas que pueden ser estas interpretaciones, la base de todas ellas es la visión única de Madhyamaka. Esta visión Madhyamaka sobre la naturaleza real de los fenómenos, o la

---

4   El "vehículo ordinario" (*theg pa thun mong*) se refiere a las enseñanzas del Hinayana, mientras que los "vehículos extraordinarios" (*theg pa thun mong ma yin pa*) se refieren al Mahayana y al Vajrayana.

forma en que cada cosa conocible o existe, no es la forma en que las cosas se nos presentan ahora. En consecuencia, pensamos que vemos cosas tales como una mesa, sin embargo, si usáramos nuestra lógica e investigamos más de cerca, sería obvio que, lo que llamamos una "mesa" no es más que un conglomerado de partes diminutas. De hecho, la "mesa" depende simplemente de estas partes diminutas, y si intentamos establecer una mesa realmente existente, no podremos encontrar una "mesa" en ninguna parte. De la misma forma, todo lo que puede ser conocido depende de su nombre e identidad. Debido a que las cosas tienen su propia base de dependencia, cuando buscamos algo, es imposible encontrarlo. Por ello se dice que todos los fenómenos carecen de existencia intrínseca.

Sin embargo, sin investigar, se le imputa el significado de los fenómenos convencionales. Es decir, para las mentes que no analizan lo conocible, las cosas parecen ser tal como aparecen. Esto se debe al hecho inevitable de que las causas tienen sus resultados. Este tipo de pensamiento filosófico es cómo la visión Madhyamaka disipa las dos visiones extremas del absolutismo, pensando que las cosas realmente existen, y el nihilismo, considerar que las cosas no existen. En consecuencia, es seguro decir, la visión Madhyamaka es común a todas las tradiciones del budismo tibetano.

En este contexto, existe la meditación y las dos acumulaciones adquiridas a lo largo del sendero. Lo que debe cultivarse durante la práctica de la meditación es la mente del despertar tales como los dos tipos de insustancialidad o la inexistencia de un yo y de los fenómenos.[5] La meditación en sí depende de dos métodos de entrenamiento: 1) shamatha o la meditación que permanece en calma; y 2) vipashyana o la meditación introspectiva. Un practicante de la meditación primero escucha y luego estudia las diversas formas en que residen los fenómenos. La fase media de meditación consiste en examinar y reflexionar sobre las diferentes conclusiones que se extraen de la experiencia. Finalmente, es importante estabilizar la meditación en un solo punto y repetidamente sobre el objeto de meditación para poder descubrir la verdad, sin ser engañado.

Por ejemplo, primero tenemos que escuchar acerca de cómo el yo parece sustancial, y cómo el yo no es ni idéntico ni distinto de los cinco agregados

---

5   Los dos tipos de insustancialidad (*bdag gnyis*) son el de un yo intrínseco y el de los fenómenos.

mentales y físicos de un ser sensible.[6] Una vez que el practicante comprende que no hay esencia en el yo, el significado de esto se contempla una y otra vez. Después de que un practicante ha superado todos los conceptos erróneos en el estado meditativo y ha dado lugar a una certeza completa sobre el significado que se está meditando, existe la perfección de la meditación.

En cuanto a la conducta, la forma general en que los practicantes budistas se conducen es no hacer daño alguno. Además de esto, los budistas tibetanos son todos practicantes del vehículo Mahayana, por lo que la base de su comportamiento es el amor y la compasión. Esto significa actuar de manera bondadosa y noble. Lo siguiente es generar bodichita de todo corazón o la mente del despertar para beneficiar a otros seres sensibles. Esta es la forma en que un practicante budista tibetano se conduce. Esta conducta se deriva de la tradición budista Vaibhashika y es la forma ética en la que se comportan los monjes tibetanos ordenados. Los Vaibhashikas fueron una de las cuatro principales escuelas budistas tempranas indias de los shravakas, y sus pautas éticas continúan sirviendo como base para la conducta budista.[7]

---

6   Los cinco agregados (*phung po lnga*) son: 1) forma (*gzugs*); 2) sensaciones (*tshor ba*); 3) percepciones (*'du shes*); 4) disposiciones (*'du byed*); 5) conciencia (*rnam shes*). Estos cinco agregados comprenden los componentes mentales y físicos de una persona.

7   Ver el glosario para "shravaka".

CAPÍTULO III

LA VIDA DE BUDA Y EL BUDISMO EN LA INDIA

La Historia de la Vida de Shakyamuni

Buda tiene muchos nombres. En tibetano se le conoce como "Shakya Thubpa", y en sánscrito, el idioma antiguo de la India, se le conoce como "Shakyamuni". Buda nació hace más de dos mil quinientos años en el pueblo indio de Lumbini, una región actual del sur de Nepal. Para proveerles algunos antecedentes, haré algunas referencias de la literatura budista. Por ejemplo, en el *Sutra del Encuentro del Maestro con Su Hijo Espiritual*, se lee[8]:

> *En el pasado, inconmensurables eones cósmicos atrás, existía un sistema de mundos llamado "Innumerables Campos de Buda como incontables granos de arena existen en el Río Ganges". En este campo de Buda, había un tathagata llamado "Pináculo de Poder". Como un buda, benefició de forma inconmensurable a los seres antes de pasar al nirvana. Siguiendo su budeidad, continuó enseñando durante inconcebibles eones. A partir de ese momento, desarrolló una mente pura, haciendo la promesa de enseñar el sendero hacia la budeidad hasta que se vacíe el samsara.*

---

8   Título tibetano: *yab sras mjal ba'i mdo.*

Nuestro Buda histórico, Shakyamuni, en realidad, desde hace inconmensurables eones purificó la totalidad de sus impurezas derivadas de los dos tipos de oscurecimientos y actualizó la iluminación completa.[9] Debido a su sabiduría, su método e su compasión intensa, apareció durante la era de las cinco degeneraciones[10]. Afortunadamente, por su profunda consideración y afecto por los seres sensibles, Shakyamuni se manifestó en este mundo y realizó las doce acciones de un cuerpo de emanación suprema.[11]

El *Sublime Continuo* también establece,[12]

Conociendo este mundo, el Gran Compasivo
Contempló todo este universo destructible y superficial
Y, sin apartarse de la dimensión última de la realidad,
Se generó y apareció mediante diversas manifestaciones mágicas.

Descendiendo de la jubilosa tierra Pura de Tushita
Entró en el vientre de su madre y nació.
Erudito y hábil en las artes,
Se complació y jugó con un séquito de consortes,

Luego, renunció a su opulenta vida por las austeridades.
Llegando a Bodhgaya,
Subyuga a hordas de demonios

---

9   Los dos tipos de oscurecimientos (*sgrib gnyis*) son cognitivos y emocionales.

10   Las cinco degeneraciones son: 1) degeneración de la duración de la vida; 2) degeneración del período de tiempo; 3) degeneración de los puntos de vista; 4) degeneración del bienestar emocional; 5) degeneración de los seres sensibles.

11   Estas doce acciones son: 1) Descender del cielo Tushita (*'pho ba*); 2) Entrar en el vientre de su madre (*lhum zhugs*); 3) Nacer (*bltams pa*); 4) Adquirir destreza en las artes mundanas y demostrar destreza física (*bzo dang*); 5) Disfrutar de un séquito de consortes (*rol rtse*); 6) Renunciar al mundo (*nges 'byung*); 7) Practicar austeridades y renunciar a ellas (*dka' spyad drug*); 8) Ir a la esencia de la iluminación (*gshegs*); 9) Derrotar al demonio Mara (*bdud sde bcom*); 10) Alcanzar la iluminación completa bajo el árbol Bodhi (*byang chub*); 11) Girar la Rueda del Dharma (*chos 'khor*); 12) Partir hacia el nirvana (*myang 'das*).

12   Título tibetano: *rgyud bla ma*.

Y, después de obtener la perfecta iluminación,

Giró la rueda del despertar.
Pasando al nirvana
Prometió enseñar siempre que
Los campos de existencia permanecieron impuros.

Para el momento que nuestro Buda Shakyamuni renació como Dampa Togpar en la Tierra Pura de Tushita, ya se había manifestado como un bodhisattva en varios reinos del mundo. Una vez que descendió de Tushita, ya había completado todos sus renacimientos.

Mientras residía en la Tierra Pura de Tushita con los dioses, durante uno de los festivales, Buda se inspiró en los sonidos celestiales emanados por los músicos de los dioses. Movido por su música, el poder de su mérito anterior, su propia capacidad innata y las bendiciones de budas anteriores; el bodhisattva descendió a nuestro mundo. En ese momento de inspiración, se quitó la corona y la colocó sobre la cabeza de su regente Maitreya.

Considerando que el lugar era Kapilivastu, la casta era real, el linaje era Shakya, su madre Maya era más hermosa que una diosa, todo en tiempo de las cinco degeneraciones; el bodhisattva partió hacia nuestro mundo. Cabalgando sobre un elefante de seis colmillos, blanco nuboso, entró mágicamente en el útero de su madre Maya mientras ella se purificaba. Durante diez meses, periodo que estuvo en el útero de su madre, el bodhisattva guió con compasión a innumerables discípulos por el sendero de los tres vehículos, los ayudó y llevó a su madurez espiritual.

Como presagio del nacimiento de Buda, noventa y cuatro millones de plantas de hierbas medicinales brotaron espontáneamente en el centro de los grandes continentes del planeta Tierra, mientras en cada uno de los subcontinentes bosques de sándalo florecieron. Así como muchos otros maravillosos signos presagiaron el nacimiento de Buda.

En el momento que la reina Maya caminaba por las arboledas de Lumbini, asió la rama de un árbol Palkasha con su mano derecha, estiró su cuerpo y, sin ningún dolor, dio a luz al futuro Buda. A su llegada, caminó sobre flores de loto que crecían en cada una de las cuatro direcciones. Al presenciar estas y muchos otros signos milagrosos, su padre lo llamó Siddhartha, que significa "el que cumple todos los propósitos". De niño fue mimado por treinta y dos doncellas, y debido a su inteligencia y su naturaleza gentil, fue llamado el "Sabio del clan Shakya" o "Shakyamuni". Entre los muchos adivinos y santos que lo visitaron cuando era niño, Rishi Nagpo Nyonmong Med, fue quien profetizó que se convertiría en un buda.

En su juventud, el bodhisattva iba a la escuela para madurar sus diversas habilidades. Siddhartha sobresalió en sus estudios, en particular, en su aprendizaje de idiomas. Su conocimiento de diferentes lenguas era tan vasto que sabía idiomas los cuales su maestro Kungi Shenyen nunca había escuchado. A la edad de dieciséis años, formó parte en eventos deportivos competitivos, derrotando al más fuerte de los jóvenes y los diestros guerreros Shakya. Tiempo después, se casó con la princesa Drag Zinma. Junto con su esposa y amante Ri Dwags Kayma, Siddhartha tenía un séquito de sesenta mil consortes. El joven príncipe tomó parte de la vida mundana como un dios inmortal hasta la edad de veintinueve años.

Al ver a un anciano, un enfermo, un cadáver y un humilde asceta en cada una de las cuatro direcciones de las puertas del palacio, Siddhartha contempló el significado de su vida como rey, su séquito de consortes y las exigencias de su padre. Luego, gracias al poder de sus aspiraciones anteriores y a las bendiciones de los budas de las diez direcciones, conmovido de nuevo por la música de la liberación, decidió abandonar la vida de realeza. Renunciando a su orgullo y su arrogancia, el joven príncipe dirigió su atención con determinación hacia el despertar. Sintiendo que no había tiempo que perder, el príncipe partió en su caballo a medianoche.

Siddhartha, se cortó el cabello frente al maestro Choten Namdag, vestido con túnicas de color azafrán que le fueron regaladas por los dioses, se convirtió en un renunciante. Posteriormente, viajó a las orillas del río Nairanjana, lugar en el que permaneció absorto en concentración meditativa omnipresente durante seis años. Cada día comía una semilla de un árbol de enebro y se esforzaba arduamente en prácticas ascéticas extremas. Llevando estas austeridades, el joven mendicante se dio cuenta de que sus prácticas del cuerpo y la palabra no alimentaban los anhelos de su corazón. En un momento de agotamiento total, la hija de un joven brahmán llamada Legs Tshoma le ofreció un tazón con papilla, dulce de arroz y leche con miel, el cual contenía los nutrientes esenciales de la leche de mil vacas. Hecho que le hizo comprender que las prácticas ascéticas no lo conducirían a la iluminación, y cómo el sendero hacia la iluminación es un sendero medio entre los extremos. Al beber esta deliciosa leche de arroz, su cuerpo revivió y su tez brilló como el esplendor de un santuario dorado.

Habiendo alcanzado la edad de treinta y cinco años, el bodhisattva se estaba acercando al logro de su iluminación. Viajando a Bodhgaya en el norte de la India, se sentó debajo del árbol Bodhi. En el sendero, conoció a un vendedor de hierba llamado Tashi que le ofreció una porción de hierba kusha que era tan suave como las plumas de un pavo real. Al llegar a Bodhgaya, el bodhisattva dio la vuelta al árbol Bodhi tres veces, colocó las puntas de la hierba kusha mirando hacia el este, se sentó sobre estas. Sentado de esta manera hizo el firme voto de que "incluso si mi cuerpo se marchita, si mi piel y mis huesos se descomponen, me sentaré aquí sin mover este cuerpo hasta que alcance la iluminación que lleva eones descubrir".

El bodhisattva consideró que, si no invocaba las fuerzas de la negatividad y la provocación, no sería capaz de alcanzar la budeidad. Por lo tanto, usó sus habilidades psíquicas para emanar unos rayos de luz de entre sus cejas que atrajeron al malvado Mara, el dios demoníaco del "reino de la ilusión y el deseo", acompañado de cuatro secuaces, terroríficos demonios. Se acercaron en feroces apariciones, disparando innumerables armas de terror contra el bodhisattva, sin embargo, mediante la irradiación de bondad amorosa, venció a cada uno de ellos.

Los demonios amenazaron al bodhisattva, diciéndole que no podía alcanzar la liberación dado que no había acumulado suficientes méritos. Ante ello, la diosa de la tierra, junto con su séquito, proclamaron su testimonio de las acciones del bodhisattva, asegurando a los demonios que había logrado y perfeccionado las dos acumulaciones durante eones incalculables en el pasado[13]. Nuevamente, los demonios disfrazados de apariciones atractivas, intentando seducir al bodhisattva, empleando diversas técnicas lúdicas y maneras seductoras, mas ni un cabello se movió de su cuerpo. Una vez que el bodhisattva venció esta ilusión, las hordas de demonios desaparecieron. Durante el amanecer de la mañana siguiente, Siddhartha superó los oscurecimientos cognitivos más sutiles en un estado de estabilización meditativa diamantina, logrando la iluminación completa.

---

13   Las dos acumulaciones (*tshogs gnyis*) son el mérito y la sabiduría.

Para demostrar la profundidad de su realización, Buda decidió no enseñar durante un período de siete semanas. En el transcurso, el señor de los dioses, conocido como Brahma, visitó a Buda y le ofreció una rueda de oro con mil radios, a su vez, el dios Indra le presentó como ofrenda una trompeta de concha que se enrollaba hacia la derecha. Ambos, le solicitaron con urgencia que girara la Rueda del Dharma y enseñara como había prometido antes de convertirse en Buda.

Buda se dirigió al Parque de los Venados en Varanasi, donde conoció a sus primeros cinco discípulos. Luego, el cuarto día del sexto mes del calendario lunar tibetano, Buda hizo girar la Rueda del Dharma, enseñando las Cuatro Nobles Verdades.[14] Al escuchar esta enseñanza, sus cinco discípulos alcanzaron el estado de un arhat, y el significado de las Tres Joyas Preciosas fue escuchado por primera vez en este mundo.[15]

A la edad de treinta y cinco años, Shakyamuni se convirtió en buda. Hasta su muerte, Buda impartió cuarenta y cinco retiros de verano y giró la Rueda del Dharma una cantidad innumerable de veces, explicando enseñanzas sobre los significados tanto definitivos como los provisionales. Shakyamuni enseñó en lugares accesibles tales como Rajagriha, el Pico de la Montaña del Buítre y Vaishali en el norte de la India, asimismo enseñó en lugares transmundanos para los dioses y seres de otro mundo. A través de sus habilidades milagrosas, Buda se manifestó en lugares inimaginables como el Precioso Palacio Vajra y la cima del Monte Sumeru.[16] En lugares como estos, Buda mostró métodos excepcionales para madurar a sus discípulos a lo largo de sus senderos espirituales de progreso. Durante estas asambleas, estuvieron presentes los discípulos más cercanos de Buda: Shariputra y Maudgalyayana, junto con monjes Bodhisattva, los y los monjes y las monjas laicas. Ejemplificando la transitoriedad e inspiradora renuncia en aquellos discípulos que se aferran al extremo de las cosas duraderas, en la ciudad de Kushinagar entre un par de árboles sala, Buda se acostó sobre su lado derecho, puso un pie sobre el otro, impartió su última enseñanza en su forma física pasando al nirvana insuperable.

---

14 Ver el glosario de las "Cuatro Nobles Verdades".

15 Ver el glosario de "Arhat" y las "Tres Joyas Preciosas".

16 El Monte Sumeru es la montaña cosmológica situada en el centro de nuestro sistema-mundo. Está rodeado por cuatro continentes de los cuales el continente Sur es Jambudvipa, nuestro mundo.

El Budismo en la India después de Buda

Las relaciones y los lugares donde residió Buda fueron registrados en el *Gran Tesoro de la Explicación Detallada*.[17] La traducción del tibetano, dice:

> Saketa, Vaishali, Tierra Blanca, y en el reino de los dioses,
> Donde mueren los ingenuos, Koshambhai, cerca de las estupas
> en las montañas de las tierras altas,
> En entornos ruidosos, pueblos de bambú y en la ciudad de
> Kapilavastu,
> Buda pasó un año en estos lugares enseñando el dharma a los
> afortunados.
>
> Veintitrés años pasaron en la ciudad de Shravasti,
> Cuatro años vivieron en el Bosque Medicinal,
> Dos años permanecieron en lo más recóndito de la cueva de
> Barma,
> Cinco años vivieron en la ciudad real de Rajagriha,
> Seis años soportaron austeridades ascéticas,
> Veintinueve años vivió en un palacio.
>
> A la edad de ochenta años, el victorioso
> Se sabe que ha pasado por completo al nirvana.

Algunos de estos lugares tales como Rajagriha, el Río Nairanjana en los cuales Buda realizó sus prácticas ascéticas, la ciudad de Kapilavastu, la ciudad de Rajagriha y algunas otras localidades son muy conocidas hoy en día, mientras que muchas de estas ciudades se han vuelto irreconocibles con el paso del tiempo.

En la ciudad de Rajagriha, un año después del nirvana de Buda, su discípulo Mahakashyapa congregó un Concilio para la compilación de las enseñanzas de Buda sobre los códigos éticos monásticos o *Vinaya-pitaka*, mientras que su discípulo Ananda reunió un consejo para la compilación

---

17 Título tibetano: *bye brag bshad mdzod chen mo.*

de los discursos de Buda o *Sutra-pitaka*.[18] Mahakashyapa, luego, reunió todas las enseñanzas de Buda referentes a las ciencias internas y externas y las compiló en la colección de textos del *Abhidharma-pitaka*. Actualmente, somos extremadamente afortunados de tener estas *Tres Colecciones* tales como registros de lo que Buda enseñó de acuerdo con este Primer Concilio budista.

Después de Mahakashyapa, estas colecciones fueron mantenidas por Ananda, y posteriormente por Arya Sanavasin, por Arya Upagupta, Arya Dhitika, Arya Krsna y Arya Mahasudarshana. Esta sucesión de siete arhats es bien conocida y se cita en los *Preceptos Menores del Vinaya*, así como en el *Sutra del Loto Blanco*.[19] Cada uno de estos siete arhats mantuvo las enseñanzas de manera muy similar a las de Buda. Una vez que estos siete arhats murieron, las enseñanzas de Buda fueron confiadas a muchos diferentes monjes arhat, los cuales no lograron mantener la tradición budista de la misma manera que esta gran sucesión de siete arhats.

Ciento diez años después del nirvana de Buda, los monjes comenzaron a comportarse de manera contradictoria con el código monástico. Como consecuencia, se celebró un Segundo Concilio budista en Vaishali. Este Segundo Congreso fue encabezado por el arhat Kirti, el número de asistentes sumaron setecientos arhats que habían obtenido este logro en el linaje de Ananda. Los monjes que se reunieron en Vaishali realizaron una ceremonia para purificar y restaurar sus votos, conmemorando esta auspiciosa ocasión con una celebración.

Ciento treinta y ocho años después de la muerte de Buda, muchos de los monjes budistas comenzaron a tener visiones filosóficas diferentes y, en consecuencia, dieciocho escuelas shravaka distintas fueron conformadas. Durante el siglo I a.C., el rey Kanika invitó y patrocinó a quinientos arhats, entre los que se encontraba Arya Tsiblog, cuatrocientos bodhisattvas, incluyendo Vasumitra, y una cantidad enorme de practicantes ordinarios que defendieron las *Tres Colecciones* de las enseñanzas de Buda en el Templo de Nagyan en Cachemira. Como fue predicho en el *Sutra de los Sueños Proféticos del Rey Krikin*, cada una de estas dieciocho escuelas siguió las palabras auténticas de Buda y registraron decisivamente relatos no escritos

18 Ver el glosario de "Vinaya-pitaka" y "Sutra-pitaka".
19 Título tibetano: *snying rje pad dkar po'i mdo*.

anteriormente, ordenando con precisión las colecciones de las enseñanzas de Buda.[20] Estas revisiones y correcciones abarcan el Tercer Concilio.

En cuanto a las extraordinarias colecciones de enseñanzas Mahayana, cientos de miles de bodhisattvas se reunieron en la montaña Vimasambhava del sur de la ciudad de Rajagriha, la antigua capital de Magadha. Allí, Manjushri enseñó el Abhidharma o las ciencias internas y externas, Maitreya enseñó el Vinaya o códigos éticos de conducta, y Vajrapani enseñó los Sutras o colección de discursos de Buda. El gran maestro indio Bhavaviveka también proclamó en su *Resplandor del Razonamiento* que el Mahayana fue enseñado por Buda, y que sus textos primarios fueron compilados por Samantabhadra y Maitreya.[21] Sin embargo, no está claro exactamente cuándo tuvo lugar un Concilio Mahayana.

Después del nirvana de Buda, surgieron muchos desacuerdos entre los ordenados de la comunidad budista, sobre qué tradición espiritual seguir. La mayoría de los monjes decidió adherirse al enfoque Hinayana o shraka; en consecuencia, las enseñanzas Mahayana se degeneraron. Este período duró hasta que la figura carismática de Arya Nagarjuna y sus discípulos aparecieron en el siglo I d.C. Luego, unos cientos de años más tarde, en la época de Asanga y Vasubandhu, la filosofía Mahayana resurgió, extendiéndose.

El linaje de los hijos espirituales de Nagarjuna que sostuvieron la filosofía Madhyamaka incluye al maestro Aryadeva, al maestro Buddhapalita, al maestro Bhavaviveka, al gran erudito Shantarakshita y al maestro Shantideva. El linaje de los hijos espirituales que sucedieron a Asanga incluye a su hermano menor Vasubhandu, Arya Namdrolde, el venerable Gunaprabha, los maestros Dignaga, Lodro Tenpa, Dharmakirti, Chandragomin y Shakyaprabha. Mientras que Nagarjuna, Asanga y Dignaga son conocidos como los autores de textos filosóficos budistas fundamentales, Aryadeva, Vasubandhu y Dharmakirti son conocidos como comentaristas autorizados. Juntos, se conocen como los seis ornamentos de nuestro mundo. Gunaprabha y Shakyaprabha son conocidos como los Dos Maestros Supremos porque ayudaron a extender los códigos éticos dentro del Vinaya, los cuales sirven como base para las enseñanzas de Buda.

Shantideva y Chandragomin contribuyeron enormemente en el

---

20   Título tibetano: *rgyal po kri kri'i rmi lam lung bstan pa'i mdo.*
21   TítuloTtibetano: *rtog ge 'bar ba.*

florecimiento del budismo en la India y, por esta razón, se les denomina como los Dos Maestros Maravillosos. Shantideva fue un gran erudito en la Universidad Monástica de Nalanda. Cuando algunos de sus colegas probaron sus conocimientos, pronunció su famosa composición, *Entrando en el Sendero de Vida del Bodhisattva*:[22] Mientras enseñaba el capítulo sobre la sabiduría, comenzó a explicar "lo tangible y lo intangible ...", elevándose mágicamente del suelo hacia el cielo. Siguiendo dilucidando a la multitud, su cuerpo desapareció, permitiendo que solo se escuchara su voz. A la edad de siete años, Chandragomin se hizo famoso por derrotar a los no budistas en debate. En una ocasión, mientras visitaba la Universidad de Nalanda, en el momento que alababa una estatua de piedra de Manjushri, la estatua giró su rostro y lo miró fijamente.

Además de estos grandes maestros espirituales, residían los seis famosos eruditos de las seis puertas del monasterio de Vikramalashila: Custodiando la puerta oriental se encontraba el omnisciente Ratnakarnashanti, Protegiendo la puerta sur estaba Prajnakaramati, custodiando la puerta occidental estaba Manjushri, custodiando la puerta norte se encontraba Naropa, el primer pilar central fue atendido por el Brahmin Ratnavajra, y el segundo pilar fue cuidado por Jnanamitra. De hecho, había cientos de eruditos budistas y yoguis consumados que vivían en la India en ese tiempo. Como refleja la historia de la India, las comunidades budistas eran predominantes, situación que hace difícil estimar su número.

Generalmente, se cree que las enseñanzas tántricas budistas o Vajrayana secretas fueron explicadas por Buda después de su Tercer Giro de la Rueda del Dharma.[23] Estas enseñanzas fueron establecidas inicialmente para el rey Indrabodhi en Uddiyana, un país que se cree que se encuentra en las

---

22 Título tibetano: *byang chub sems dpa'i spyod pa la 'jug pa*.
23 El Tercer Giro de la Rueda del Dharma es el tercero de los Tres Giros Sucesivos de la Rueda del Dharma (*bka' 'khor lo rim pa gsum*). Estos giros o revoluciones son: 1) el Primer Giro que abarca las Cuatro Nobles Verdades y las enseñanzas sobre el origen interdependiente; 2) el Segundo Giro que abarca las *Escrituras de Sabiduría Trascendente* o *Sutras Prajnaparamita*, y las enseñanzas Madhyamaka; 3) el Tercer Giro que abarca las enseñanzas sobre la naturaleza de Buda y la naturaleza luminosa de la mente. Las enseñanzas de "significado definitivo" (*nges don*) se contraponen con las enseñanzas del "significado provisional" (*drang don*); esta es una referencia a los esquemas interpretativos budistas para determinar cuál de las palabras de Buda y sus comentarios subsecuentes expresan la intención última de Buda.

cercanías del actual Pakistán. El rey Indrabodhi, su reina y sus asistentes trascendieron a sostenedores de sabiduría o seres que se han dado cuenta del significado del tantra a través de la práctica. Debido a que todos los niños de esta ciudad se convirtieron en adeptos tántricos, logrando volar por el cielo, por lo que Uddiyana se hizo famoso como el "Hogar de los bailarines del cielo". El linaje tántrico del rey Indrabodhi se continúa transmitiendo a través de maestros sostenedores de sabiduría hasta el día de hoy.

En particular, el *Tantra de Kalachakra* fue enseñado por Buda en Drepung o el Monte del Arroz Blanco en el sur de la India al rey budista Suchandra y su séquito. Desde entonces, el *Tantra de Kalachakra* ha sido una práctica primaria de los grandes Reyes del Dharma. Tanto en la India como en el Tíbet, muchos yoguis y eruditos consumados han sostenido este tantra en lo más profundo de sus corazones, y ahora el *Kalachakra* ha florecido en nuestro mundo. Actualmente, el *Kalachakra* es considerado por los practicantes de las Tradiciones de la Traducción Temprana y posterior como uno de los métodos más eficientes para la iluminación entre todos los tantras.

CAPÍTULO IV

LA TRADICIÓN NYINGMA

LAS TRADUCCIONES TEMPRANAS Y EL FLORECIMIENTO DEL BUDISMO TIBETANO

La Transmisión del Budismo al Tíbet

Aun cuando las enseñanzas de Buda florecieron en la India, la continuidad del budismo indio fue interrumpida debido a la barbarie de los invasores. Un incidente famoso en la destrucción del budismo en la India fue cuando el mendicante Suryasiddhi prendió fuego a la Universidad Monástica de Nalanda, ya que consideraba que algunos de los monjes budistas tenían un comportamiento corrompido. A consecuencia de varias situaciones desafortunadas similares, el budismo en la India derivó en un estado de extrema degradación. Ello fue profetizado por Buda en su *Sutra de la Diosa Inmaculada*.[24]

Debido a la bondad de los reyes, los ministros, los eruditos y los traductores tibetanos, los linajes completos de explicación y la realización de las enseñanzas de Buda, las tradiciones Hinayana, Mahayana y Vajrayana fueron transmitidas sin problemas al Tíbet. Incluso después de la severa destrucción ejecutada por el Ejército Rojo sobre las representaciones simbólicas del budismo, tales como los monasterios, los templos y los relicarios de las Tres

---

24 Título tibetano: *lha mo dri ma med pa'i mdo.*

Joyas, y después de la diáspora del pueblo tibetano, el budismo en el Tíbet permanece en gran parte intacto. Esto, sin duda, se debe a la bondad de los sostenedores del linaje que han mantenido las tradiciones budistas tibetanas de explicación y realización.

En particular, muchos lamas y tulkus que defienden la tradición no sectaria de la filosofía y la práctica del budismo Rimed escaparon a la India, Nepal, Bután y muchos otros países occidentales después de que el Tíbet perdiera su independencia y el decimocuarto Dalai Lama se viera en la necesidad de huir al exilio en 1959. En consecuencia, la comunidad de refugiados tibetanos ha defendido, preservado y difundido las preciosas enseñanzas de Buda en el exilio. Como resultado, el budismo tibetano es conocido en muchos países del mundo y cada vez es más notorio.

En este contexto, el budismo no es originario del Tíbet, se necesitaron generaciones de sacrificio y esfuerzo concertado para trasponer las enseñanzas de Buda a la Tierra de las Nieves.

Afortunadamente, debido a las condiciones propicias de intenso respeto, devoción y perseverancia del pueblo tibetano, floreció el budismo en el Tíbet. A medida que las diversas instrucciones de los eruditos y adeptos indios se pusieron en práctica, el pueblo tibetano profundizó su comprensión de estas instrucciones y, con el tiempo, el budismo se consolidó. A consecuencia de que ciertos adeptos comenzaron a tener linajes distintos, y debido a que sus discípulos se adhirieron sucesivamente a sistemas particulares de pensamiento y práctica, surgieron diferentes tradiciones del budismo tibetano. Sin considerar sus diferencias, es importante saber que la visión filosófica de todas estas tradiciones deriva de manera total del modelo de base, sendero y la perfección. Por ejemplo, aunque comemos diferentes alimentos que tienen distintos sabores, todos los alimentos que ingerimos tienen el único propósito de nutrir nuestro cuerpo.

De esta manera, las tradiciones más difundidas y conocidas del budismo tibetano tales como Nyingma, Kagyu, Sakya, Jonang, Zhijed, Shalupa, Podongpa, Geluk, entre otras muchas tradiciones que se desvanecieron con el tiempo. Hoy en día, contamos con cinco tradiciones que se han arraigado y consolidado sus sistemas filosóficos autónomos y prácticas de la meditación a través de la construcción de monasterios y la formación de los sostenedores de linajes que mantienen su tradición distintiva. Estos son

Nyingma, Kagyu, Sakya, Jonang y Geluk. Estos linajes son denominados como las cinco grandes tradiciones del budismo tibetano.

Las características del linaje, las visiones filosóficas, y las prácticas de estas tradiciones se describen de manera concisa; se distinguen según sus puntos de vista filosóficos, y sus sistemas tántricos. Es decir, si son de la tradición *zhentong* o *rangtong* Madhyamaka, o si son de las Tradiciones de la Traducción Temprana o Posterior de los tantras. Si son de la Tradición de la Traducción Temprana, se conocen como "Ningma", y si pertenecen a las Tradiciones de Traducción Posterior, se denominan como "Sarma". Estas son las principales formas en que el budismo se transmitió al Tíbet.

La Tradición Nyigma Temprana

La tradición Nyingma data del año 433 de la era común, cuando las primeras escrituras budistas fueron traídas al Tíbet durante el reinado del rey Latho Thothori Nyentsan. Más tarde, en el siglo VII, el budismo fue introducido formalmente en el Tíbet por el rey Songtsen Gampo (m. 650). Desde el siglo VIII hasta principios del siglo IX, el rey Trisong Deutsen (790-844) desarrolló y propagó aún más el budismo por todo el Tíbet.

Si comenzamos a relatar desde Nyatri Tsenpo, quien se considera que fue el primer rey del Tíbet; el rey Latho Thothori Nyentsan fue el vigésimo octavo rey tibetano. Durante el reinado del rey Latho Thothori, un erudito nepalí llamado Losemtsho y un traductor llamado Lithese lo visitaron y le ofrecieron al rey un texto titulado "El sello simbólico que Cumple lo que se Presencia", una estupa dorada y un molde grabado para reproducir joyas que conceden deseos.[25] Aun cuando el rey no conocía el significado de estos objetos sublimes, los respetaba y los veneraba. Posterior a este acontecimiento, el rey Latho Thothori, vivió una vida larga y próspera, cumpliendo sus responsabilidades sociales con benevolencia. Más aún, estos presentes, eran un presagio para el futuro florecimiento del budismo en el Tíbet.

Después, el rey Songtsen Gampo envió a su ministro, el traductor Thonmi Sambhota, a la India, donde aprendió la escritura Gupta que se usó como

---

25 Título tibetano: *dpang skong phyag rgya*

modelo para crear el alfabeto tibetano. De esta manera, *El Sutra de la Nube de Joyas,* el *Cofre de Formulaciones Místicas y el Sutra del Loto Blanco,* fueron traducidos del sánscrito al tibetano junto con muchos otros textos budistas.[26] Durante este tiempo, el ministro del rey Sontsen Gampo, Gartongtsen, a través de su arte diplomático, invitó a la hija del rey nepalí Amashuvarma, la princesa Brikuti, a casarse con el rey Songtsen Gampo y convertirse en la Reina del Tíbet. Como presentes de dote real, la princesa trajo consigo una estatua de Buda, Joko Mikyo Dorje, una estatua del futuro Buda Maitreya girando la Rueda del Dharma y una estatua de Tara automanifestada de sándalo.

El rey Songtsen Gampo y la reina Brikuti también construyeron templos para domar y someter aún más a las fuerzas nativas del peligro y oposición. Al hacerlo, edificaron templos en lugares específicos de acuerdo con la adivinación y los principios geománticos de los distritos locales del Tíbet y la región del Himalaya. Estos templos incluyeron el milagroso Templo Tsuglag Khang en Lhasa, y los Templos: Tradrug, Katsal, Tsangdram, Trompa Gyang, Longtang Drolma, Mangyul Jamtrin y el Templo Bumthang en Bután. Después de completar estos templos de protección del distrito, la Reina Brikuti visitó el lago Othang en Lhasa, arrojó su anillo al aire con su deseo, y el gran Templo Rasa Trulnang apareció mágicamente en el lugar donde cayó su anillo.

El rey Songtsen Gampo también se casó con la hija del rey chino Thong Thay Jung, la princesa Wun Shing Kongjo. Como dote, la princesa trajo consigo de China una estatua de Buda Jowo Shakyamuni. Posteriormente construyó el Templo Ramoche en Lhasa para albergar su precioso regalo.

Una de las reinas tibetanas del rey Songsten Gampo, la reina Ruyong Za, construyó un templo en la cueva de meditación del rey Drug Lhalupuk, y otra de sus reinas tibetanas, Mangza Tricham, construyó un templo en Yerwa. Otro hecho notable durante el reinado del rey Songtsen Gampo: el Brahmán Shankar, el maestro nepalí Shilamanju y el gran maestro chino Hashang Mahayana llegaron al Tíbet y tradujeron muchos textos budistas.

---

26 Título tibetano: *mdo sde dkon mchog sprin, za ma tog gi bzungs, snying rje pad ma dkar po'i mdo.*

El Rey, el Abad, y el Maestro

Durante el siglo VIII y principios del IX, el rey Trisong Deutsen (790-844) gobernó sobre el Tíbet. Después de considerar los textos budistas, traducidos por sus predecesores y cómo sus antepasados contribuyeron a la difusión del budismo, el rey se motivó para difundir las sublimes enseñanzas de Buda en toda la región del Tíbet. Primero invitó al erudito, el abad indio Shantarakshita, quien enseñó las diez virtudes y los doce eslabones de interdependencia.[27] Aunque el rey y el abad pensaron en sentar los cimientos del Templo Samye, mientras lo construían, fantasmas dañosos, y demonios interrumpieron cada uno de sus intentos. Según la profecía, el rey invitó al Maestro Padmasambhava de Uddiyana, quien subyugó a los fantasmas y los demonios bajo juramento. De esta manera, Templo Samye se construyó espontáneamente sin más interrupciones.

Las reinas del rey Trisong Deutsen también construyeron templos cerca de Samye. La reina Lady Changchub Dron construyó el Templo de la Belleza Abundante, mientras que la reina Lady Margyen de Tsepang los ordenó la construcción del Templo de Cobre de los Tres Reinos, y la reina Lady Gyalmo Tsun de Phogyong supervisó la construcción del Templo Dorado de los Huérfanos.[28]

---

27 Las diez virtudes (*dge ba bcu*) son: 1) abstenerse de quitar la vida (*srog gcod pa spong pa*); 2) abstenerse de tomar lo que no se ha dado (*ma byin par len pa spong ba*); 3) abstenerse de una mala conducta sexual ('*dod pas log par g.yem pa spong pa*); 4) abstenerse de hablar falsamente (*brdzun du smra ba spong ba*); 5) abstenerse de hablar palabras ofensivas (*tshig rtsub po smra ba spong ba*); 6) abstenerse de hablar de manera maliciosa (*phra mar smra ba spang ba*); 7) abstenerse de hablar palabras sin sentido (*tshig bkyal ba smra ba spong ba*); 8) abstenerse de una mentalidad codiciosa (*brnab sems spong ba*); 9) abstenerse de una mentalidad maliciosa (*gnod sems spong ba*); 10) abstenerse de los puntos de vista pervertidos (*log par lta ba spong ba*). Los doce eslabones de interdependencia (*rten 'brel bcu gnyis*, sánscrito: *pratityasamutpada*) son: 1) ignorancia (*ma rig pa*); 2) propensiones Karmicas ('*du byed*); 3) conciencia (*rnam par shes pa*); 4) nombre y forma (*ming dang gzugs*); 5) seis fuentes de sensación (*droga skye mched*); 6) contacto (*reg pa*); 7) sensación (*tshor ba*); 8) deseo (*sred pa*); 9) avaricia (*nye bar len pa*); 10) existencia (*srid pa*); 11) nacimiento (*skye ba*); 12) decadencia y muerte (*rga zhi*).

28 Gegye Jema Ling (*dge rgyas bye ma gling*) fue construido por la reina Changchub Dron; Khamsum Zangkhang Ling (*khams gsum zangs khang gling*) fue construido por la reina Margyen de Tsepang; Putsab Serkhang Ling (*bu tshab gser khang gling*) fue construido

El rey sabía que, para establecer las enseñanzas de Buda en el Tíbet, era imperativo que el *Canon budista* se tradujera al tibetano. Con esta visión a largo plazo, seleccionó y entrenó a brillantes jóvenes tibetanos como traductores e invitó a los más grandes maestros de la India a enseñar. Estos maestros incluyeron al erudito de Cachemira Jinamitra, el erudito indio Danashila, entre otros importantes sostenedores de las Tres Colecciones de Escrituras budistas.[29] Estos eruditos, junto con el abad Shantarakshita, el Maestro Padmasambhava, los traductores Vairochana, Kawa Paltsek y Chokro Lui Gyaltsen son responsables de traducir las escrituras más famosas del sutra y el tantra de Buda junto con sus comentarios al idioma tibetano. Para probar las habilidades de los tibetanos en observar los preceptos monásticos budistas, el abad Shantarakshita seleccionó y ordenó a siete monjes tibetanos. Estos siete monjes sirvieron como los primeros tibetanos en defender tanto la vida monástica como la comunidad budista en el Tíbet, y se consideran la base para el posterior florecimiento del budismo.

El traductor Vairochana y el discípulo del Maestro Padmasambhava, Namkhai Nyingpo, fueron enviados a la India para estudiar y recibir transmisiones. Vairochana estudió Dzogchen o la práctica de la Gran Perfección con Shri Singha, y Namkhai Nyingpo recibió enseñanzas sobre Vishuddha o la práctica de la Deidad del Vajra Colérica de Hungkara. Tanto Vairochana como Namkhai Nyingpo se convirtieron en grandes maestros antes de regresar al Tíbet.

A petición del rey, el Maestro Padmasambhava desplegó los Ocho Mandalas para lograr las deidades coléricas en el osario del bosque en la ermita de Chimpu sobre Samye.[30] Más tarde, el rey junto con su séquito real alcanzaron unos poderes espirituales excepcionales debido a este hecho.

---

por la reina Gyalmo Tsun de Phogyong.

29 Ver glosario de "Tripitaka".

30 Los Ocho mandalas para Lograr las Deidades Coléricas (*sgrub pa bka' brgyad kyi dkyil 'khor*) son los mandalas de las ocho principales deidades coléricas de la meditación (*sct: heruka*) de la clase de tantras Mahayoga de la tradición Nyingma. Estos ocho mandalas de deidades son: 1) El Cuerpo de Manjushri (*'jam dpal sku*); 2) La Palabra del Loto (*pad ma gsung*); 3) La Mente Perfecta (*matones yang dag*); 4) Calidad del Néctar (*bdud rtsi yon tan*); 5) La Actividad de la Daga Mística (*phur pa phrin las*); 6) La Madre Hechicera (*ma mo rbod gtong*); 7) La Maldición del Mantra Feroz (*dmod pa drag sngags*); 8) La Alabanza Mundana (*'jig rten mchod stod*).

En otras ocasiones análogas, en Kharchu en Lhodrak, Shoto Titro en Drigung y Drakar en Domey, el Maestro Padmasambhava enseñó los Tantras Insuperables. Durante estas profundas enseñanzas, mientras el maestro giraba la Rueda del Dharma, sus veinticinco discípulos principales junto con las multitudes que llenaban las laderas de las montañas alcanzaron niveles elevados de realización.

El rey, el abad y el maestro, junto con los traductores, Kawa Paltsek, Chokro Lui Gyaltsen y Zhang Yeshe De, fueron los predecesores del budismo en la Tierra de las Nieves. Al traducir y poner a disposición las palabras de Buda y sus comentarios indios, superando las fuerzas negativas que habían impedido que las enseñanzas se establecieran de manera permanente en el Tíbet. Sus traducciones de los sutras, los tantras y los textos explicativos comprenden la tradición de la Traducción Temprana, también conocida como la tradición Nyingma.

La Tradición Nyingma Tardia

La tradición Nyingma consiste en un linaje extendido de las transmisiones orales secuenciales de Buda que fueron traducidas durante el período de la Traducción Temprana, un linaje directo de textos revelados del tesoro y un ciclo profundo de visiones puras. Estos tres ciclos de enseñanzas comprenden la totalidad de las escrituras Nyingma y las instrucciones de guía. Los fundamentos textuales de estos antiguos ciclos de enseñanzas son las transmisiones orales del *Resumen del Significado de los Sutras*, el Tantra *Guhyagarbha Mayajala* y los *dieciocho Tantras de Dzogchen*.[31]

Jnana Kumara Nyag recibió las transmisiones orales de estos ciclos de maestros tales como Padmasambhava, Vimalamitra, Vairochana y Yudra Nyingpo. En el siglo IX, Nubchen Sangye Yeshe y luego Zur Shakya Jungnay recibieron las transmisiones orales completas de la tradición de la Traducción Temprana y, a través de sus composiciones, hicieron que las enseñanzas de estos tres linajes principales de la transmisión fueran famosas

---

31 Título tibetano: *mdo sgyu sems gsum*

en todo el Tíbet.[32] Con la aparición del traductor del siglo XI Rongzom Chokyi Zangpo (1012-1088) y el erudito del siglo XIV Longchen Rabjam Drimed Odzer (1308-1363), el linaje secuencial de las enseñanzas secretas Vajrayana de los Nyingma alcanza una nueva dimensión.

En el año 1159, Kadampa Deshek Sherab Senge (1122-1192) fundó el gran asiento vajra del Monasterio Kathok en el este del Tíbet; en 1632, el sostenedor de la conciencia Dzogchen Ngaki Wangpo (1580-1639) fundó el Monasterio Jangter o Thubten Dorje Drak en el Tíbet central; en el año 1665, el gran Rigdzin Kunzang Sherab fundó el Monasterio Palyul en el este del Tíbet; en el año 1675, el gran revelador de tesoros Terdak Lingpa (1646-1714) fundó el Monasterio Mindro Ling en el Tíbet central; en el año 1684, el gran maestro consumado Dzogchen Padma Rigdzin (1625-1697) fundó el Monasterio Dzogchen en el este del Tíbet; y en el año 1734, la segunda emanación de Shechen Rabjam, Shechen Gyaltsen Pema Namgyal fundó el Monasterio de Shechen en el este del Tíbet. Estos asientos monásticos sirven como fuentes para el gran río que fluye del Nyingma. Juntos representan la magnificencia de la Escuela de la Traducción Temprana y cómo estas enseñanzas y prácticas se extendieron por todo el Tíbet.

En particular, la secuencia del linaje Nyingma atravesó por un renacimiento con la llegada de la gran figura del siglo XIX, Jamgon Mipham Rinpoche. Él Quien captó la intención tanto de Rongzom Chokyi Zangpo como de Longchen Rabjam a través de sus escritos, y constató la ausencia de puntos de vista viciados. Hoy en día sus obras constituyen el núcleo del plan de estudio escolástico Nyingma. Estas obras están consideradas como autorizadas para aprender tanto los sistemas filosóficos budistas como los no budistas.

---

32 Los tres linajes principales de la transmisión de la tradición Nyingma o la Traducción Temprana (*snga 'gyur*) son: 1) el linaje secuencial de las palabras de Buda (*ring brgyud bka' ma*); 2) el linaje directo de los textos del tesoro revelados (*nye brgyud gter ma*); 3) el linaje profundo de las visiones puras (*zab mo dag snang*).

LAS VISIONES Y LAS PRÁCTICAS DE LA ESCUELA DE LA TRADUCCIÓN TEMPRANA

Dzogchen: La Gran Perfección

Una exploración de la elaborada visión y prácticas de los sistemas filosóficos y meditativos de los Nyingma está más allá del alcance de este capítulo. No obstante, me gustaría ofrecer una introducción breve a algunos de los fundamentos derivados del período de la Traducción Temprana. Para empezar, la tradición de los comentarios Nyingma basa toda su progresión de las prácticas en el Tantra *Matriz del Misterio o en el Tantra Guhyagarbha* y la *Encarnación de los Sutras*.[33] En cambio, la tradición de los comentarios Sarma se basa en las prácticas tántricas del período de la Traducción Posterior que incluyen los Seis Yogas, las Cinco Etapas y el Sendero y su Resultado.[34] Con esto en mente, podemos comenzar a explorar el sistema distintivo Dzogchen de la Tradición Nyingma.

La tradición Dzogchen se subdivide en las prácticas de Trekcho o atravesar el estado primordial, y Thogal, la práctica de superar directamente la presencia espontánea. Mientras que el sendero de Thogal enfatiza la liberación instantánea a través de la aplicación del esfuerzo, Trekcho despeja la rigidez sin esfuerzo y la resistencia de modo que la propia naturaleza primordial pura irradie. Estas prácticas abarcan el sendero Dzogchen, el descansar libremente sin esfuerzo, y son las prácticas principales de la tradición Nyingma.

Para proceder con éstas prácticas de la pureza primordial y la presencia espontánea, y darse cuenta de la verdadera naturaleza de la conciencia, es necesario recibir las instrucciones de un maestro calificado. Lo que se conoce como "Dzogchen" o la "Gran Perfección" es la propia naturaleza ilimitada. Esta es la conciencia innata, desnuda y vacía, la perfección absoluta de la

---

33 Título tibetano: *gsang snying dang 'dus mdo*

34 Título tibetano: *sbyor drug, rim lnga, lam 'bras*. Estos son tres sistemas tántricos esotéricos: los Seis Yogas son las instrucciones según el *Tantra de Kalachakra*; las Cinco Etapas son las instrucciones de los Tantras Padre; el Sendero y su Resultado o Lamdre son las instrucciones de la tradición Sakya.

realidad fenoménica que engloba la vasta extensión del samsara y el nirvana. Dado que la naturaleza de nuestra conciencia es increada y de manera ninguna fabricada, se puede permanecer libremente en su estado natural. La práctica de reconocer la presencia o la ausencia de los propios movimientos discursivos de la mente, sin suprimir o defender, aceptar o rechazar, es la práctica de sostener la conciencia desnuda y vacía, el maravilloso sendero Dzogchen.

El sendero singular de Dzogchen consiste en la acumulación de la sabiduría, mientras el sendero común consiste en practicar el amor bondadoso y la compasión. Es más, la perfección de la meditación Dzogchen está indicada por los signos de logro que se manifiestan a sí mismos y que surgen a través de la acumulación del mérito y la sabiduría. De manera similar, la práctica mediante la cual se sostienen estas dos acumulaciones culmina con las cuatro visiones: 1) actualizar la naturaleza última de la realidad; 2) enriquecer las propias experiencias meditativas; 3) alcanzar la plena expresión de la conciencia; 4) exhaustar la naturaleza última de la realidad.[35] Además de estas cuatro visiones, existen los cuatro niveles de un sostenedor de sabiduría que son, en última instancia, la realización de la expansión universal básica de los fenómenos, la indivisibilidad del samsara y nirvana.[36] La perfección final de esta práctica es el descubrimiento del reino de Samantabhadra, el Buda primordial.

Características Distintivas de la Práctica Nyingma

Uno puede preguntarse cuáles son los rasgos distintivos del enfoque singular de la tradición Nyingma. En general, todas las tradiciones del budismo tibetano mantienen unas prácticas específicas y diversas instrucciones de

---

35 Las cuatro visiones (*snang bzhi*) de la práctica Dzogchen son: 1) actualizar la naturaleza última de la realidad (*chos nyid mgnon sum*); 2) enriquecer las propias experiencias meditativas (*nyams gong 'phel*); 3) alcanzar la plena expresión de la conciencia (*rig pa tshad phebs*); 4) exhaustar la naturaleza última de la realidad (*chos nyid zad pa*).

36 Los cuatro niveles de un sostenedor de la conciencia o vidyadhara (*rig 'dzin rnam pa bzhi go 'phang*) son: 1) sostenedor de la sabiduría completa (*rnam smin rig 'dzin*); 2) maestría de la vida, sostenedor de la sabiduría (*tshe bang rig 'dzin*); 3) sostenedor de la sabiduría del sello simbólico (*phyag chen rig 'dzin*); 4) presencia espontánea sostenedora de la sabiduría (*lhun grub*).

orientación tanto desde la perspectiva del sutra así como desde la perspectiva de los tantras. Por ejemplo, las prácticas Vajrayana secretas del Sarma o Tradiciones de la Traducción Posterior enfatizan el aflojamiento de los nudos y ataduras de los canales internos, vientos y esencias. Estas prácticas involucran procedimientos yóguicos extremadamente sutiles y delicados de comunicación con las deidades tántricas mediante gestos corporales (manos y cuerpo). En el sistema Nyingma Dzogchen, si un practicante sabe cómo descansar perfectamente sin aplicar esfuerzo, entonces no es necesario deliberadamente desatar los canales, los vientos y las esencias. Esta capacidad de alcanzar la realización y atravesar los niveles de un sostenedor de la conciencia sin realizar los gestos precisos con las manos y el cuerpo es un rasgo distintivo de la meditación Dzogchen.

Solo si un practicante confía en un sentero tántrico que involucra técnicas para aflojar los nudos internos dentro de los canales, los vientos y las esencias, es necesario ser guiado por la sabiduría del gran éxtasis que se produce al confiar en consortes de sabiduría, o gestos simbólicos específicos utilizando las manos y el cuerpo. Para un auténtico yogui Dzogchen, no hay necesidad de depender de una consorte de la sabiduría física o de la realización de los gestos simbólicos, ya que el sentero Dzogchen es, en última instancia, libre de esfuerzo. Sin embargo, las tradiciones budistas tibetanas tántricas distintas de la Nyingma se basan en las consortes de la sabiduría física o los gestos simbólicos con el fin de alcanzar convenientemente la realización última. Esto quiere decir que los Nyingma han pensado que las consortes de la sabiduría física y los gestos simbólicos son innecesarios mientras que las tradiciones Sarma los han considerado esenciales. Sin embargo, en estos días, está permitido e incluso se considera necesario que los practicantes de las tradiciones Sarma y Nyingma tengan una consorte de la sabiduría física. Este factor profundo distingue el enfoque tántrico inusual de las tradiciones Nyingma y Sarma. Por esta razón, las técnicas para 'abrir' los puntos vitales de los canales, los vientos y los esencias son muy importantes.

Tradiciones Nyingma y Sarma

En el año 901, el rey tibetano llamado Darma inició una persecución perennizada del budismo. De este modo, las comunidades monásticas budistas en el Tíbet central fueron destruidas y desaparecidas. Luego, en el año 973, los restos de la antigua tradición Nyingma se reactivaron en las regiones bajas del Tíbet oriental y occidental. Finalmente, el budismo comenzó a extenderse nuevamente en el Tíbet central. Este resurgimiento del budismo tibetano es designado como el período de la Etapa Posterior de Propagación y Diseminación. Después de este período de restauración, los grandes autores de la tradición Nyingma tales como Rongzom Chokyi Zangpo y traductores tales como Rinchen Zangpo (957-1055), Ngog Loden Sherab (1059-1109) y Drogmi Lotsawa (993-1050) revivieron el budismo en el Tíbet. Las traducciones y composiciones de los diversos ciclos de tantras, comentarios, manuales de meditación y textos de las instrucciones de orientación de este período forman lo que se conoce como "Sarma" o Tradiciones de la "Nueva Traducción".

En el pasado, el budismo tibetano tenía las "Ocho Linajes Principales De Práctica".[37] Sin embargo, ahora las instrucciones generales de algunos de estos linajes, como el Kadam y el Zhije, no se han sostenido y ya no continúan, mientras que otros se han incorporado a las tradiciones vivas. Los linajes restantes de las tradiciones Sarma son Sakya, Kagyu, Jonang y Geluk.

Las transmisiones del linaje del sostenedor de la conciencia
son el néctar del corazón de Padmasambhava,
¡Estas instrucciones sublimes liberan el cuerpo burdo en el cuerpo de luz!
A través del gran secreto de las seis transmisiones del linaje Nyingma,
¡Que se enbellezca el mundo divino de los glaciares blancos!

---

37 Estos ocho grandes vehículos de linajes de práctica u ocho tradiciones independientes del budismo que florecieron en el Tíbet son: 1) Nyingma; 2) Kadam; 3) Marpa Kagyu; 4) Shangpa Kagyu; 5) Sakya; 6) Jordruk o Seis Yogas; 7) Nyendrub; 8) Zhije y Chod.

CAPÍTULO V

LA TRADICIÓN SAKYA

La Historia de la Tradición Sakya

La Fundación del Monasterio Sakya

Choje Drakpa Gyaltsen escribió sobre la tradición Sakya,

> La Tierra Blanca es como la cara de un león,
> Sakya Glorioso eres el cuerpo de este león.
> Donde los deseos de los seis reinos se sacian
> Es donde reside Vajradhara.

Un día, mientras el venerable Tivamkara caminaba sobre el borde de una carretera en el Tíbet, vio dos yaks salvajes en la montaña Ponpori y predijo que en el futuro estos yaks se convertirían en dos protectores de Mahakala que realizan grandiosas actividades iluminadas. Luego, se postró, e hizo ofrendas para el enriquecimiento de la Tierra Blanca de esta zona. Notando una sílaba "Hri", siete sílabas "Dhi" y una sílaba "Hum" grabadas en la ladera de la montaña. Tivamkara profetizó que una manifestación de Avalokiteshvara, siete manifestaciones de Manjushri y una manifestación de Vajrapani aparecerían en este lugar para beneficiar enormemente a los seres.

El sostenedor del linaje de la tradición del tantra secreto Nyingma llamado Khon Shakya Lodro, tenía dos hijos como el sol y la luna: Su hijo mayor, Sherab Tsultrim, y su hijo menor, Khon Konchok Gyalpo (1034-1102). Cuando Khon Konchok Gyalpo observaba un espectáculo de danza en Drolung, tuvo una visión de las diversas máscaras de las veintiocho diosas Shvara. Dado que se consideraba impropio revelar la tradición tántrica secreta Nyingma; fue aconsejado a que estudiara los Tantras Sarma o "Traducciones nuevas". De esta manera, estudió las diversas clases de los nuevos tantras de Drogmi Lotsawa y Gokhukpa Lhatse, convirtiéndose en un maestro erudito y realizado. Posteriormente, en 1073, a la edad de cuarenta años, en la ladera de una montaña conocida como "Labonpo", la cual se asemeja a un elefante blanco dormido sobre tierra blanca con la forma de la cara de un león en su hombro derecho, Khon Konchok Gyalpo construyó el gran monasterio Sakya. Desde el establecimiento de este monasterio, los sostenedores del linaje y los practicantes de este lugar se han referido a su tradición como "Sakya", que literalmente significa "Tierra Blanca".

Los Maestros del Linaje Sakya

A la edad de cincuenta y nueve años, Khon Konchok Gyalpo tuvo una segunda esposa que dio a luz a su hijo, Sachen Kunga Nyingpo (1092-1158). Una vez que Khon Konchok Gyaltsen murió, debido a que su hijo era demasiado joven para heredar el linaje familiar, Lotsawa Rinchen Drag asumió el liderazgo de la tradición Sakya durante nueve años. Cuando era joven, Jetsun Kunga Nyingpo poseía cualidades inusuales para un niño y era adorado por todos. Recibió numerosas enseñanzas de su padre mientras vivía. Tomó instrucciones y guía sobre la práctica de "Separarse de los Cuatro Apegos" de una visión de Manjushri mientras meditaba en un retiro de seis meses. Estas instrucciones le permitieron comprender de manera repentina todos los puntos esenciales del sendero del vehículo de la Sabiduría Trascendente o del vehículo Prajnaparamita. Eventualmente, se convirtió en el tercer sucesor del Monasterio Sakya, siendo reconocido como uno de los grandes maestros del linaje Sakya.

Kunga Nyingpo alcanzó un alto nivel de realización a lo largo de los senderos y las etapas del desarrollo espiritual, dejando una profunda impresión en la tradición Sakya posterior. También tuvo tres hijos, siendo el mayor Sonam Tsemo (1142-1182), luego Drakpa Gyaltsen (1147-1216) y Palchen Odpo (nto.1150).El hijo menor de Kunga Nyingpo, Palchen Odpo, tuvo dos hijos, el mayor fue Sakya Pandita Kunga Gyaltsen (1182-1251), quien fue el primer Pandita tibetano famoso.

Sakya Pandita se destacó en sus estudios sobre las escrituras clásicas parecidas al océano tanto de los sistemas filosóficos budistas como de los no budistas, y a la edad de veintisiete años fue ordenado por el Kashmiri Pandita Shakya Shri en el Templo Nyangtod Gyangon. Pasó su vida difundiendo las enseñanzas de Buda no solo por todo el Tíbet, sino también por toda Mongolia. Como uno de los más grandes eruditos del Tíbet, es conocido por haber mantenido las enseñanzas budistas y por haber derrotado en un debate a los extremistas hindúes que defendían la creencia en un dios creador todopoderoso. Aunque compuso muchas obras, entre las más famosas se encuentran su *Tesoro Sobre la Ciencia de la Epistemología*, su *Clasificación de los Tres Votos* y su *Tesoro Precioso de las Explicaciones Elocuentes*.[38] Teniendo en cuenta sus logros, la contribución más amable de Sakya Pandita fue el desarrollo de una nueva tradición para la explicación de las ciencias budistas clásicas.

Tiempo después, Palchen Odpo tuvo un hijo llamado Zangtsha Sonam Gyaltsen (nto. 1235). Desde el momento en que nació, Zangtsha Sonam Gyaltsen fue considerado un gran protector de los seres y alguien que defendería las enseñanzas sublimes de la iluminación. Recibió y aprendió las tradiciones de las escrituras tanto de los sutras como de los tantras de su tío Sakya Pandita, obteniendo unos poderes mágicos supremos. También difundió las enseñanzas de Buda por toda Mongolia: confirió el triple Empoderamiento Vajra, mientras estaba en el palacio de Zangtsha Sonam Gyaltsen, Emperador de Mongolia, el cual le otorgó el título de "Tishri" o "Maestro Imperial". Este primer empoderamiento regocija tanto al Emperador que le dio poder sobre los trece poseedores del trono del Tíbet: región superior del sur y del norte, Gurmo, Chumig, Shangs, Zhwalude, que son los seis poderes del trono de Tsang, Gyama, Drikung, Tsalwa, Tangspoche, Phagmodru, Yazangde, los cuales representan los seis

---

38 Títulos tibetanos: *tshad ma rigs gter; sdom gsum rab dbye; piernas par bshad pa rin po che'i gter.*

poderes del trono de U, y las regiones nómadas superiores de Taklung. Para el segundo empoderamiento, el Emperador le otorgó poder sobre las tres provincias del Tíbet, y para el tercer empoderamiento, se le dieron regiones colonizadas de China. De esta manera, los sucesores Sakya heredaron tanto el poder político como el espiritual en el Tíbet.

Los cinco antepasados de la tradición Sakya son Sachen Kunga Nyingpo, Sonam Tsemo, Dragpa Gyaltsen, Sakya Pandita y Chogyal Phakpa (1235-80). De estos cinco, Sachen Kunga Nyingpo, Sonam Tsemo y Dragpa Gyaltsen eran laicos, por lo que se les conoce como los "tres blancos", mientras que tanto Sakya Pandita como Chogyal Phakpa eran monjes ordenados, por lo que se les designo como los "dos rojos"." Inicialmente, Khon Konchok Gyalpo fundó el Monasterio Sakya; Kunga Nyingpo estableció la tradición; Sonam Tsemo y Drakpa Gyaltsen desarrollaron y propagaron la tradición. Posteriormente, tanto Sakya Pandita como su sobrino Zangtsha Sonam Gyaltsen ganaron la autoridad política y espiritual de la tradición.

La tradición Sakya ha tenido grandes maestros, entre ellos se encuentran Kunkhyen Gorampa Sonam Senge (1429-89), Rongton Sheja Kunrig (1367-1449), Yaktruk Senge Pal, Remdawa Shonu Lodro, Chim Jamyang, Tsonang Sherab Zangpo, entre otros. Estos eruditos y adeptos realizados son comparables a los grandes maestros budistas de la India, tales como los Seis Ornamentos y las Dos Excelencias. Todos ellos han contribuido en gran medida al florecimiento de las enseñanzas de Buda en todas las direcciones.

Las Visiones Filosóficas y las Prácticas de la Tradición Sakya

El Enfoque del Sutra Lamdre

Para empezar, Jamgon Sakya Pandita y Rongton Sheja Kunrig sostuvieron principalmente la visión filosófica de Svatantrika Madhyamaka. Sin embargo, Jetsun Remdawa Shonu Lodro confirmó la posición de la visión Prasangika Madhyamaka. Hoy en día, muchos maestros Sakya al explicar la posición filosófica del Lamdre o Sendero y su Resultado coinciden en que la visión está simplemente libre de construcciones

La primera fase de practicar el sendero se basa en aprender a revertir y abstenerse de las acciones no virtuosas a través de la comprensión de lo difícil que es encontrar las libertades y oportunidades de una preciosa vida humana, reconociendo la infalibilidad de causa y efecto, conociendo los defectos del samsara; el cultivar la bondad amorosa y la compasión. La siguiente fase consiste en superar la creencia en un yo permanente. Para hacer esto, un practicante identifica cómo la mente se enfoca en los cinco agregados de una persona y sostiene estos agregados como siendo existentes verdaderamente. Por ejemplo, si los constituyentes de una persona autónoma fueran inherentemente reales, estos diferentes constituyentes podrían existir sin depender de causas o condiciones. Dado que es fácil comprender que la mente y el cuerpo de un individuo están compuestos por diversas influencias y factores, y debido a que están compuestos por causas y condiciones, es posible comprender cómo carecen de existencia intrínseca.

De esta manera, un practicante contempla una y otra vez para determinar cómo los cinco agregados de un individuo surgen de las causas y las condiciones, y cómo la persona individual, en consecuencia, carece de existencia intrínseca o verdadera. Al reconocer cómo todos los fenómenos carecen de existencia verdadera, se llega a comprender la naturaleza sublime de la realidad fenoménica. Esta ausencia última de existencia verdadera es el estado natural de vacío de la mente. Es la disolución de las fabricaciones del pensamiento. Independientemente de las creencias sobre cómo existen o no existen las cosas, cómo son o no son las cosas, cualesquiera que sean los pensamientos discursivos que puedan ocurrir, porque no hay referencia o apoyo, no hay rasgos distintivos o fabricaciones de la mente en las que se pueda fijar. Así es como un practicante progresa en el sendero de la meditación de acuerdo con el enfoque de las enseñanzas del sutra.

El Enfoque del Tantra Lamdre

Para explicar brevemente el sendero de la meditación Lamdre desde la perspectiva del tantra: un practicante inicialmente buscará una y otra vez los aspectos internos de las propias disposiciones y capacidades de la mente.

Entonces, si uno examina de forma minuciosa no se encontrará nada. Esto se debe a que la conciencia luminosa de la mente es meramente movimiento, comprensión, claridad e inteligencia. Ver este único aspecto de la mente se conoce como percibir la naturaleza vacía de la mente. Al experimentar la vacuidad de la mente, un practicante mira directamente a la naturaleza vacía de la mente que no es un estado de nada o vacuidad, sino claridad y conciencia. Reconociendo que tanto la claridad como la vacuidad se unen inseparablemente dentro de la naturaleza luminosa de la conciencia se le conoce como "introducción común".

La "introducción común" es el reconocimiento de nuestra conciencia prístina connatural y genuina. Esta no es la conciencia ordinaria o simplemente las percepciones engañosas de la mente, sino más bien el reconocimiento de la unión, no engañosa de vacío y luminosidad de la mente en su origen. Dentro de los sutras y los tantras esto se designa como: "la purificación completa de la mente" la "naturaleza de buda", "la naturaleza luminosa de la mente", "la mente diamantina", "el continuo de su base" o "la base universal de la conciencia". Aunque los seres han estado íntimamente asociados con la cualidad no engañosa de sus mentes desde tiempos sin comienzo, no lo han reconocido. Mediante una introducción, se reconoce la unión de la conciencia del vacío luminoso connatural. Esta experiencia de descansar en ecuanimidad libre de fijaciones o de cualquier cosa a la que aferrarse se conoce como el "sendero de la inseparabilidad del samsara y el nirvana".

Por consiguiente, existen tres puntos esenciales para adquirir la visión. El primero es cerciorarse cómo las apariencias y referencias de la mente son construidas, y establecer a través de las escrituras y el razonamiento de cómo la ignorancia de la mente crea toda apariencia de los fenómenos externos. Lo siguiente es determinar mediante ejemplos y postulados lógicos, cómo cada apariencia de los fenómenos externos no puede establecerse como verdaderamente existente, y cómo la naturaleza interna de la mente está vacía al meditar sobre la naturaleza de la vacuidad. Finalmente, el tercer punto es conocer cómo la existencia se produce debido a las ideas erróneas sobre cómo la realidad existe verdaderamente. Esto lleva a darse cuenta de cómo el sujeto que se fija, como los objetos de fijación carecen de existencia intrínseca, y cómo surge la conciencia a través de la interdependencia de todos los fenómenos condicionados.

Lo que está condicionado es vacío de existencia verdadera o intrínseca. De igual manera, lo que es incondicionado carece de existencia intrínseca. Como no hay nada que no dependa de lo condicionado, y como no hay ni siquiera una faceta de lo incondicionado que no dependa de lo condicionado, tanto lo condicionado como lo incondicionado son imputaciones sobre la vacuidad. Se dice que esto es la conciencia de la interconectividad, la visión de cómo el samsara y el nirvana son inseparables y están libres de los dos extremos.[39] El reconocimiento infalible de la realidad de esta manera es inexpresable ya que esta resolución final de la visión está más allá del pensamiento.

Esta es una explicación breve de la visión y la práctica inusuales de la tradición Sakya. Con esto en mente, es importante saber que no hay ni la más mínima diferencia en las prácticas de la renuncia y la generación de la mente del despertar entre las diversas tradiciones budistas tibetanas, así como no hay diferencia en su perfección final.

La contemplación vajra de las escrituras y el razonamiento
¡Esto es lo que destruye las montañas rocosas de las visiones erróneas!
El glorioso Sakya se ha apoderado del sello que significa
las enseñanzas de buda.
Y el credo de las tradiciones espirituales y temporales en las tierras fresca del Tibet!

---

39 Los dos extremos (*mtha' gnyis*) son el extremo del absolutismo (*rtag mtha'*) o la visión de que las cosas realmente existen, y el extremo del nihilismo (*chad mtha'*) o la visión de que nada existe realmente.

CAPÍTULO VI

LA TRADICIÓN KAGYU

La Historia de la Tradición Kagyu

Marpa, Milarepa y Gampopa

Marpa Lotsawa, Jetsun Milarepa y Dakpo Gampopa son conocidos como los tres antepasados espirituales de la tradición Kagyu. Dakpo Rinpoche, también conocido como Gampopa (1079-1153), primero recibió las instrucciones y la guía oral de la tradición Kadampa directamente de su maestro Jetsun Milarepa (1040-1123), y luego recibió la transmisión del Mahamudra o enseñanza del Sello Simbólico. El nombre del linaje que ha sostenido las instrucciones, la guía y la práctica que combinan estas enseñanzas Kadampa con la meditación Mahamudra se conoce como la tradición Kagyu. Aun cuando las instrucciones de la tradición Kagyu se remontan al traductor tibetano Marpa Chokyi Lodro (1012-1097), el nombre real de la tradición se remonta a la época de Dakpo Lhaje Gampopa.

Marpa Lotsawa nació en el año 1012 en la región de Lhodrak, en el sur del Tíbet. De niño, Marpa estudió sánscrito con Drogmi Lotsawa (993-1050), y luego viajó a la India en tres ocasiones para reunirse con eruditos y maestros realizados, asimismo, para estudiar con maestros tales como el Kashmiri Pandita Jnana Akarala. En particular, estudió y maravilló a su maestro, el gran siddha Naropa, de tres maneras.[40] Como un jarrón lleno hasta el borde, Marpa se llenó con las enseñanzas que recibió de Naropa. Se profetizó que levantaría el estandarte de la victoria y establecería una tradición en la tierra del norte del Tíbet.

En la Ciudad del Adorno de Flores, mientras confería el empoderamiento de Hevajra, el gran yogui Naropa manifestó el mandala real de las deidades de Hevajra y le preguntó a su hijo espiritual Marpa de quién le gustaría recibir el empoderamiento, ya sea de la deidad misma o de su maestro raíz. Marpa pensó que le gustaría recibir primero el empoderamiento de la deidad y luego el de su maestro, por lo que solicitó que la deidad realizará el empoderamiento. Naropa, reunió el mandala en el centro de su corazón y le dijo a su discípulo Marpa que nadie es más importante que el maestro raíz, debido a que el maestro es la fuente de todas las bendiciones.

Mientras confería el empoderamiento de Hevajra, Naropa le dijo a Marpa que su linaje de sucesores espirituales duraría mucho tiempo y tendría grandes descendientes, mientras que el linaje de su familia pronto desaparecería. Marpa tuvo un hijo llamado Dharma Dodey, quién murió a una edad temprana. No obstante, la tradición Kagyu continúa hasta el día de hoy. Los cuatro principales hijos del corazón de Marpa Chokyi Lodro fueron Ngogton Chokyi Dorje de Zhung, Tsulton Wangnge de Dol, Meton Tsonpo de Tsangrong y Milarepa de Gungthang. Como Naropa había profetizado, Marpa tuvo un hijo como el sol llamado Jetsun Milarepa, un hijo como la luna llamado Rechung Dorje Drakpa (1083–1161) e hijos como las estrellas, siendo uno de ellos Ngan Dzongtonpa Changchub Gyalpo.

Jetsun Milarepa nació en el año 1040 en Tsangskya Ngatsa. Cuando era un niño, su padre murió y fue encomendado a sus tíos donde enfrentó dificultades severas. Más adelante en su vida, su madre lo envió a estudiar magia negra con hechiceros tales como Tsangrong Ngar y Nubs Khulung. Después de vencer a los enemigos personales de su madre, conoció a su maestro Marpa. Con el fin de purificar sus oscurecimientos, Marpa hizo que Milarepa realizará tareas innumerables difíciles, tales como llevar

---

40 Tres formas de deleitar (*mnyes pa gsum*) a nuestro maestro espiritual, son: 1) a través de nuestra práctica espiritual; 2) sirviendo al maestro; y 3) mediante el ofrecimiento de cosas materiales.

piedras en la espalda durante distancias largas; construir y luego deconstruir torres. Milarepa llevó a cabo estas tareas y pudo entender perfectamente las instrucciones de Marpa. Tiempo después, Milarepa viajó por el Tíbet para difundir las enseñanzas que había aprendido, y durante su vida fue capaz de actualizar el estado unificado de Vajradhara.

Dakpo Lhaje Gampopa nació en el año 1079. De joven, estudió la tradición de la escritura budista, se convirtió en un experto en la ciencia de la medicina. Tiempo después se casó, más cuando su esposa murió a temprana edad, Gampopa decidió renunciar a la vida mundana y convertirse en monje. Después de tomar los votos monásticos del maestro Loden Sherab; al oír hablar de la reputación de Milarepa, surgió una devoción inconmensurable dentro de él. Entonces Gampopa comenzó a buscar a este famoso yogui. Al recibir las instrucciones completas de la orientación y la guía sobre el linaje oral de Milarepa, surgieron unas experiencias y realizaciones excepcionales dentro de Gampopa. Como profetizó Milarepa, Gampopa residió en el Monasterio Darji Riwo. En este lugar compuso muchos tratados y realizó las actividades iluminadas que han contribuido en gran medida al florecimiento del budismo en el Tíbet.

Los Monasterios y los Sub-linajes

El monasterio de Marpa está en el valle Trowo de Lhodrak. El discípulo de Marpa, Lama Ngakpa, y Dakpo Gampopa fundaron los primeros monasterios Kagyu. Uno de los tres principales discípulos de Gampopa, Phagmo Drupa Dorje Gyalpo (1110-70), estableció el Monasterio de Dhensa Thil en Lhoka, al sur del Tíbet.[41] A la edad de ochenta años, el Primer Karmapa, Dusum Khyenpa (1110-1193), fundó el Monasterio Tsurphu en el valle Tolung del Tíbet central. Este monasterio que sigue siendo la principal sede monástica de los Karmapa en el Tíbet.

Además de estos complejos monásticos, la tradición Kagyu se subdivide en varios linajes. El discípulo principal de Dakpo Gampopa, Dusum Khyenpa, fue el primero en el linaje Karmapa de reencarnaciones sucesivas.

---

41 Jamphel Lodro escribió: "Phagmo Drupa es conocido por haber obtenido autoridad secular y espiritual en el Tíbet".

Los discípulos de Gampopa, Phagmo Drupa, Barom Darma Wangchuk y Zhang Droway Gonpo Yudragpa, quien fue discípulo del alumno de Gampopa, Gompa Tsultrim Nyingpo, cada uno inició sus propios sub-linajes principales Kagyu, los cuales se conocen como los Cuatro Grandes Linajes Kagyu. Taklung Tangpa Tashi Pal (1142-1210), Ling Repa Padma Dorje (1128-88), Trophu Gyaltshab Rinpoche, Zara Kaldan Yeshe Senge, Marwa Drubthob Sherab Yeshe, Yerwa Drubthob Yeshe Tsegpa y Nyamed Gyergom Chenpo establecieron los ocho sub-linajes menores Kagyu. El gran erudito y realizado Khyungpo Naljor (1002-1064) viajó a la India donde recibió señales y visiones de deidades tántricas junto con las instrucciones de orientación sobre los Seis Yogas de Naropa. Más tarde, construyó un monasterio en el distrito de Yeru, su linaje de enseñanzas conocido como Shangpa Kagyu se extendió por todo el Tíbet. Tanto este Shangpa Kagyu como el Marpa Kagyu son los dos grandes linajes de transmisión dentro de la tradición Kagyu.

LAS VISIONES Y LAS PRÁCTICAS DE LA TRADICIÓN KAGYU

La Vision del Mahamudra

En general, no existen grandes diferencias entre las visiones filosóficas y la prácticas de los diversos linajes de la tradición Kagyu. Sin embargo, existen casos de sistemas filosóficos individuales que fueron establecidos a través de procesos imparciales de refutar la posición de otro, demostrando y respondiendo a las críticas sobre el punto de vista personal. Esto ha llevado a la articulación de visiones distintas dentro de la tradición Kagyu. Sin embargo, estas refutaciones, establecimientos y respuestas no han creado divisiones sectarias severas, e incluso las palabras de parcialidad compuestas por los poetas y los estudiosos de la tradición suenan como expresiones elocuentes de la naturaleza de la realidad.

En realidad, durante la meditación, no hay grandes diferencias entre los sistemas filosóficos particulares sostenidos por cada una de las cinco diferentes tradiciones budistas tibetanas. Aunque esto es así, los linajes extendidos de estas tradiciones han establecido formas ligeramente distintas de articularse. Por ejemplo, la visión de Marpa y Milarepa, fuente del linaje Dakpo Kagyu que tuvo su desarrollo en la India se conoce como Prasangika Madhyamaka o la visión Última del Sendero Medio. Las cualidades y la profundidad de esta visión fueron claramente vistas por el yogui Maitripa mientras reflexionaba sobre el significado de la realidad. Esta visión fue heredada por Marpa y su discípulo Milarepa, cuyas canciones de realización están en armonía con el punto de vista Prasangika.

La visión de la tradición del sutra es la realización de la vacuidad de acuerdo con el enfoque del Prajnaparamita o el vehículo de la Sabiduría Trascendente, al que se le conoce como "Mahamudra" o el "Sello Simbólico". Los escritos de Milarepa, Gampopa, Drikung Kyobpa (nto. 1770), Ling Repa, Karmapa Dusum Sangye y muchos otros están de acuerdo, mientras que otros tales como el Tercer Karmapa Rangjung Dorje (1284-1339) afirmaron la visión del sutra de la visión *zhentong* o el vacío extrínseco. En particular, el Octavo Karmapa Mikyo Dorje (1507-1554) enfatizó la visión *zhentong*, asimismo lo elaboró en sus escritos. Debido a que en la línea sucesiva de reencarnaciones de Karmapa confirmaron la visión filosófica *zhentong*, la tradición Kagyu se considera especialmente hábil para articular la doctrina *zhentong*. No obstante, debido a que muchos de los maestros Kagyu han mantenido matices sutiles sobre ciertos puntos cruciales y distinciones de los puntos de vista, es difícil argumentar que la perspectiva del sutra de la tradición Kagyu no está de acuerdo con la visión *zhentong*.

La Meditación Mahamudra

También es apropiado decir que el punto de vista del enfoque tántrico secreto dentro de la tradición Kagyu es el Mahamudra. Hoy en día, aunque muchos maestros Kagyu enseñan la visión *zhentong* desde la perspectiva del sutra, en realidad no hay conflicto entre la visión *zhentong* y la visión tántrica secreta del Mahamudra. De este modo, la meditación del Mahamudra se define como el proceso en el que se genera la conciencia prístina del gran éxtasis luminoso, y los vientos vitales entran, circulan dentro y se disuelven en el canal central. Esta es la práctica esencial más sutil de todas las secciones de los yoga tantras insuperables.

Para meditar precisamente de esta manera, un practicante primero debe establecer y clarificar la mente natural. Una vez que el practicante descansa la mente en un solo punto en ecuanimidad unidireccional, los vientos vitales entrarán, circularán dentro y se fundirán en el canal central. Esto encenderá el fuego interno yóguico, inducirá las cuatro alegrías y generará la conciencia prístina del gran éxtasis dentro de la mente natural.[42] A través de esta experiencia contemplativa conocida como la "Meditación del éxtasis de Buda", el vacío y de el éxtasis se integran en unión.

La meditación del Mahamudra tiene algunas diferencias ligeras en su procedimiento inicial. Por ejemplo, algunos practicantes pueden reconocer que su mente es interna, externa, surgiendo, permaneciendo o disipándose mientras descansa en la ecuanimidad. Este momento de total convicción en la mente natural, cuando se percibe que nada existe o no existe en ninguna parte, se dice que es el logro del significado del Mahamudra. Cuando un practicante descansa vívidamente calmado en la meditación sin cortar los pensamientos pasados, sin permitir que los pensamientos presentes permanezcan libres y sin dar la bienvenida a los pensamientos futuros, se percibe la esencia desnuda de la mente. Este tiempo de la meditación es la práctica de resolver las profundidades de la mente. Además de esto, existe la práctica conocida como "autoliberación simultánea" en la que un practicante amplifica cualquier tipo de pensamientos discursivos que ocurran y, mediante la familiarización continua, reconoce la naturaleza verdadera de estos pensamientos discursivos como expresiones de la dimensión última de la realidad.

Los maestros consumados de la tradición Kagyu también han escrito una enorme cantidad de literatura contemplativa basada en los tantras y las prácticas primarias del Mahamudra. Esta literatura incluye textos sobre temas tales como los *Seis Ciclos del Mismo Gusto,* el *Yoga de la Unión Coemergente* de Gampopa, el Mahamudra Quíntuple de Drigung Jigten Gonpo (1143-1217)

---

42 Los cuatro éxtasis (*dga' ba bzhi*) son: 1) ´Extasis (*dga' ba*); 2) ´Extasis Supremo (*mchog dga'*); 3) ´Extasis excepcional (*khyad dga'*); 4) ´Extasis coemergente (*lhan skyes kyi dga' ba*).

y las *Ocho Grandes Instrucciones*[43] de Tsangpa Gyarey (1161-1211).

De acuerdo con estos diversos textos de las instrucciones y la guía el gran yogui Naropa dijo que las dos acumulaciones del mérito y la sabiduría son como las dos ruedas de un carruaje, y sin estas dos acumulaciones, la base del estado natural del vacío no puede realizarse. Un practicante se involucra en la meditación basada en estas instrucciones; principios, y combinación de las prácticas yóguicas tales como los Seis Yogas de Naropa y los Seis Yogas de Neguma con la visión del Mahamudra. Estas prácticas de meditación están marcadas con varias señales de logro, tales como ciertos signos psicológicos y físicos; el surgimiento del éxtasis que inunda el cuerpo, así como la dispersión gradual del calor interno. Cuando ocurren estas experiencias, un practicante consulta uno de los muchos textos de instrucción condensados para guiar a los yoguis a lo largo del sendero y disipar sus dudas o suspicacias individuales.

Maestros eruditos y realizados de la India,
ustedes son la quintaesencia de la mente de sabiduría,
¡Enseñaron cómo lograr el Mahamudra coalescente en una sola vida!
Protectores y maestros incomparables de la tradición Kagyu,
¡Ustedes son los guías hacia el reino divino del Tíbet!

---

43 Títulos tibetanos: *ro snyoms skyor drung, rje sgam po pas lhan cig skyes sbyor, 'bri gung' jig rten mgon pos lnga ldan, gtsang pa rgya ras pa sogs kyis khrid chen brgyad.*

CAPÍTULO VII

LA TRADICIÓN JONANG

La Historia de la Tradición Jonang

La Transmisión de la Tradición Jonang

La tradición Jonang traza su linaje a través del maestro Kunpang Tukje Tsondru (1243-1313), el quinto sucesor tibetano en el linaje Dro Kalachakra, quien, en el año 1294, a la edad de cincuenta y un años, fue solicitado por los patronos y estudiantes de las regiones Chi, Drag y Nag del sur del Tíbet para establecer un monasterio en Jomonang.[44] Debido a ello, la tradición espiritual que floreció en esta región se conoce como "Jonang". Aun cuando se ha atribuido a Yumo Mikyo Dorje (siglo XI) como el primero en establecer la visión filosófica de la tradición Jonang, es más apropiado decir que Yumowa expuso ampliamente el sistema filosófico que más tarde se asoció con la tradición "Jonang", ya que la visión filosófica y las prácticas de este linaje fueron establecidos previamente en la India.[45]

La fuente de la transmisión del linaje Jonang es el ilustre Buda Shakyamuni el Victorioso.[46] Posteriormente, el linaje continúa a través de los eruditos y

---

44 Para una biografía de Kunpang Tukje Tsondru, ver Byang sems rgyal ba ye shes, págs. 64-142. Ver también Blo gros grags pa, pág. 20

45 Para una biografía de Yumo Mikyo Dorje, ver Byang sems rgyal ba ye shes, págs. 32-35. Ver también Blo gros grags pa, pág. 18

46 El término "Víctor" o Victorioso (*rgyal ba*) es una de las muchas designaciones de

yoguis de la India, y los muchos realizados adeptos tibetanos en la Tierra de las Nieves. De acuerdo con el Tercer Giro de la Rueda del Dharma de Buda, lo que se transmitió a través de estos maestros es la comprensión de su última serie de discursos, el significado último y definitivo de las enseñanzas de Buda. Estas enseñanzas se encuentran dentro de los *Cinco Tesoros* de Buda Maitreya, como su *Sublime Continuo Insuperable* y los otros textos de tesoros.[47] Así mismo, también se explican en la *Colección de Himnos* de Nagarjuna y muchos tratados de comentarios similares. De hecho, Buda profetizó que mil años después de que alcanzara el nirvana, aparecería un monje erudito llamado Asanga el cual tendría un talento extraordinario para explicar tanto el significado provisional como el definitivo de sus enseñanzas. Por ello, se dice que Arya Asanga fue el primero en articular extensamente este sistema de significado último. Luego, Asanga fue emulado por su hermano menor Vasubandhu y por filósofos posteriores tales como Dignaga, Dharmakirti y Chandragomin, quienes fueron los primeros formuladores de la visión *zhentong* de la vacuidad extrínseca defendida a través del sistema del Gran Madhyamaka de la tradición Jonang.[48]

Mientras que Chandrakirti aceptó el sistema de la visión rangtong de la vacuidad intrínseca como lo indica explícitamente Nagarjuna en sus Seis Colecciones de Razonamiento, maestros tales como Chandragomin defendieron la visión definitiva de zhentong articulada por Arya Asanga y sostenida por el Gran Madhyamaka.[49] Estos dos maestros debatieron

---

Buda. Se refiere al Buda como el que conquistó o fue victorioso sobre cada fuerza adversaria que impide la transformación espiritual.

47 Los *Cinco Tesoros* de Maitreya (*byams chos sde nga*) son: 1) El Ornamento de la Realización Clara (Sct: *abhisamaya-lankara, mngon rtogs rgyan*); 2) El Ornamento de los Discursos Mahayana (Sct: *mahayana-sutra-lankara, theg pa chen po mdo sde rgyan*); 3) Discernir las Apariencias de la Realidad (Sct: *dharma-dharmata-vibhaga, chos dang chos nyid rnam 'byed*); 4) Discernir el Medio de los Extremos (Sct: *madhyanta-vibhaga, dbus mtha' rnam 'byed*); 5) El Continuo Insuperable (Sct: *uttara-tantra-shastra, rgyud bla ma*).

48 Zhentong (*gzhan stong*) o "Vacío extrínseco" se refiere al sistema de enseñanzas que articulan cómo la naturaleza última de la realidad está vacía de todo lo que no sea ella misma. Las enseñanzas zhentong son la herencia filosófica distintiva de la tradición Jonang y son sinónimo del "Gran Madhyamaka" (*dbu ma chen po*).

49 Rangtong (*rang stong*) o "Vacío intrínseco" se refiere al sistema de enseñanzas que articula cómo todas las cosas están vacías de su propia existencia intrínseca. Las Seis Colecciones de Razonamiento (*rigs tshogs drug*) de Nagarjuna se dividen en siete, siendo estás: 1) Versos sobre el Sendero Medio (Sct: *madhyamika-karika, dbu ma'i tshig le'ur byas*

en la Universidad de Nalanda en India durante siete años hasta que finalmente la posición filosófica de la visión zhentong sostenida por el erudito Chandragomin resultó victoriosa. En ese momento, un erudito que presenciaba estos debates exclamó:

> ¡Oh! Mientras que las exposiciones del Nagarjuna Noble son medicina para algunos y veneno para otros, ¡las exposiciones del Invencible Arya Asanga son néctar puro para todos!

Se dice que más tarde se convirtió en una canción popular que se cantaba entre la gente de Magadha, en India.

Gradualmente, maestros tales como Gangameti, Avadhuti o Gawa Drakpa, el Kashmiri Ratnakarashanti, el gran y poderoso yogui Brahman Sajna y otros eruditos y yoguis defendieron los puntos cruciales de esta enseñanza filosófica certera sobre la naturaleza búdica, y el linaje puro de pensamiento que comprende esta tradición.[50] Posteriormente, a mediados del siglo XI, este sistema de filosofía del Gran Madhyamaka se introdujo y comenzó a florecer en el Tíbet. Aun cuando en el período de traducción inicial, tres de los *Cinco Tesoros* De Maitreya habían sido enseñados, las dos aclaraciones más profundas sobre la visión *zhentong* Madhyamaka no se enseñaron hasta adelante. Estas exposiciones sobre la naturaleza de la realidad se ocultaron como textos de tesoro durante un tiempo breve y no se difundieron. Más tarde, el gran siddha Gangameti reveló estos tesoros que se encontraban dentro de un jarrón en el interior de una estupa. Luego, se las enseñó al erudito Gawadrak, quien pasó la transmisión de estas enseñanzas al gran yogui Sajna, quien luego las transmitió al traductor brillante Gaway Dorje,

---

pa); 2) El Tratado Raíz de la Sabiduría (Sct: *prajnamula, rtsa ba shes rab*); 3) La Escritura Elegantemente Tejida (Sct: *vaidalya-sutra, zhib mo rnam 'thag*); 4) Volviendo a la Esencia de la Mente (Sct: *vigraha-vyavartani, rtsad ldog*); 5) Setenta Versos sobre el Vacío (Skt: *shunyata-saptali, stong nyid bdun cu pa*); 6) Las Sesenta Estrofas sobre el Razonamiento (Skt: *yuki-shastika, rigs pa drug cu ba*); 7) La Guirnalda Preciosa (Sct: *ratnavali, rin chen phreng ba*).

50 Para consultar una biografía de Avaduti, ver Byang sems rgyal ba ye shes, págs. 14–15. Tanto Avaduti como Sajna sobresalen como las figuras posteriores responsables de difundir las enseñanzas del Gran Madhyamaka Mahayana en la India, ver Blo gros grags pa, pág. 11

y después fueron transferidas al yogui tibetano Tsen Kawoche Drimed Sherab, y, a otros maestros del linaje.

Desde Ngog Loden Sherab (1059-1109) en adelante, la transmisión de estas enseñanzas sobre la práctica y la explicación de la visión *zhentong* Madhyamaka se generalizó por todo el Tíbet. Desde Tsen Kawoche, el linaje se transmitió a través de Todpa Dharma Tsondru, Dolwa Nya Yeshe Jungnay, Changchub Kyab, Zhonu Changchub, Kyoton Monlam Tsultrim, Chomdan Rigpay Raltri, Kyiton Jampay Dorje, Kunkhyen Dolpopa Sherab Gyalsten, Nyawon Kunga Pal, Gyalsay Choepal Gonpo, Khaidrup Lodro Gyatso, Trulshik Donyod Palzang, Panchen Shakya Chogden, Gyalsay Donyod Drubpa, Jamgon Drubpay Wangpo, Doring Kunga Gyalsten, Khaidrup Lhawang Dragpa, Sangdak Drolway Gonpo, Ngon Chang Rinchen Gyatso, Khaidrup Lodoe Namgyal, Chalung Thinley Namgyal, Ngawang Tenzin Namgyal, Ngawang Khatsun Dargyay, Kunzang Thinley Namgyal, Nudan Lhundrup Gyatso, Tsangtrul Jigme Namgyal, Ngawang Chokyi Phagpa, Ngawang Chojor Gyasto, Ngawang Chophel Gyatsho, Bada Geleg Gyatso, Ngawang Tsoknyi Gyatso, Ngawang Lozang Tsultrim, Dzamngo Kunga Ngawang, Ngawang Lodro Drakpa, etc., y así sucesivamente hasta los maestros actuales.[51]

---

51 Jamphel Lodro escribió: "A través de estos sostenedores del linaje, el sublime erudito y adepto, el gran yogui Kyabje Lama Ngawang Lozang Thinley recibió la transmisión del linaje Jonang. Lama Ngawang nació en 1917, y a través de la práctica del yoga de Vajrapani obtuvo la realización última. Él adquirió fluidez en toda la tradición de la escritura tanto del sutra como del tantra sin estudiar, y era un experto en el significado del yoga del mantra secreto del Vajrayana. Aunque tenía grandes logros, Lama Ngawang estaba contento con su vida haciendo esfuerzos simples para enseñar y acumular mérito. Sus numerosos estudiantes, incluyendo Tulkus y Khenpos, son versados en las *Tres Colecciones de Escrituras Budistas*. Muchos de sus estudiantes ahora enseñan la tradición Jonang, mientras que otros se dedican a enseñar y preservar otras tradiciones budistas tibetanas. En 1999, con numerosos signos milagrosos mostrados con su cuerpo físico, Lama Ngawang se disolvió en la última extensión de la realidad, prometiendo llegar a sus devotos estudiantes a través de su compasión y bendiciones sin importar la distancia. En particular, están los discípulos más cercanos de este maestro supremo que ahora viven en el Tíbet, tales como Khenpo Kunga Sherab Saljay, y muchos otros eruditos de éste sostenedor del linaje que actualmente enseñan las exposiciones y prácticas de la filosofía Jonang".

EL LINAJE JONANG KALACHAKRA

El Linaje Jonang Kalachakra

Se entiende que los tantras del Vajrayana secreto fueron las enseñados directamente a los discípulos excepcionales en la Tierra Pura de Akanishta, el Cielo de los Treinta y Tres Dioses, en la cima del Monte Sumeru, en el Potala y otros reinos divinos. También se dice que cuando el Vajrayana secreto fue enseñado personalmente al rey indio Indrabodhi, instantáneamente alcanzó la realización. Esta última realización fue luego transmitida sucesivamente a través de los yoguis masculinos y femeninos al centésimo heredero, el gran maestro Saraha. Estas enseñanzas tántricas le fueron transmitidas por el gran siddha Shavaripa, quien recibió la transmisión del glorioso protector Noble Nagarjuna. Otro linaje de las enseñanzas secretas del Vajrayana que es comúnmente aceptado entre las escuelas filosóficas del Tíbet fue la transmisión a través de Buda manifestado como Vajrayoguini a Vajrapani, y luego a Jampay Dorje, y así sucesivamente.

Las enseñanzas profundas del *Sri Tantra de Kalachakra* fueron solicitadas por el Rey del Dharma Suchandra, y enseñadas por el Buda Shakyamuni a innumerables dioses, serpientes subterráneas, humanos y sostenedores *de la conciencia* en el Drepung glorioso.[52] Estas enseñanzas fueron luego confiadas a Vajrapani, y el rey Suchandra las transcribió más tarde y compuso un comentario sobre el tantra raíz titulado *Sesenta y Ocho Mil Versos*. Los Reyes de Shambhala posteriormente redactaron y promulgaron el *Tantra de Kalachakra* en la tierra de Shambhala. Durante el reinado del Rey Gyalka, el undécimo Rey de Shambhala, el Tantra de *Kalachakra* había existido en Shambhala durante unos mil ochocientos años.

Durante este tiempo, como fue profetizado, el erudito y realizado maestro indio llamado Duzhab Chenpo Jampay Dorje tuvo una visión del bodhisattva de la sabiduría Manjushri y del Rey de Shambhala. Un día, mientras caminaba, Jampay Dorje se encontró con una emanación del Rey de Shambhala. Durante este encuentro, fue empoderado para practicar el

---

52 Drepung, ciudad antigua en Orissa, India.

Tantra de Kalachakra. Después de meditar durante seis meses en el tantra yoga profundo, Jampay Dorje obtuvo poderes milagrosos: fue capaz de transportarse a sí mismo a Shambhala. Mientras estuvo allí, se reunió con el undécimo Rey de Shambhala, recibió las enseñanzas sobre el *Kalachakra* y muchos otros tantras. Algunas de estas enseñanzas las memorizó, y otras las escribió antes de regresar a la India. A su regreso, Jampay Dorje transmitió estas enseñanzas tántricas a doce discípulos, incluyendo Duzhab Chungwa y Shribhadra, quienes luego se las pasaron a Bodhibhadra, quien las transfirió al gran erudito cachemir Dawa Gonpo.

Durante el siglo XI, Dawa Gonpo viajó tres veces al Tíbet para transmitir el *Tantra de Kalachakra* a los Lamas Droton Namseg, Dro Lotsawa Sherab Drakpa, Lhaje Gompa, Drubchen Yumo, entre otros lamas calificados. En particular, otorgó la totalidad de los empoderamientos, las transmisiones textuales tántricas e las instrucciones y la guía del *Tantra de Kalachakra* a sus discípulos Dawa Gonpo y Dro Lotsawa Sherab Drakpa. Esto inició la diseminación de las enseñanzas de *Kalachakra* en el Tíbet y el linaje Dro de *Kalachakra* sostenido por la tradición Jonang. Estas enseñanzas fueron luego transmitidas al gran yogui realizado Yumo Mikyo Dorje, quien compuso varios comentarios sobre los Seis Yogas y expuso ampliamente el sistema filosófico tántrico *zhentong*. Después de Yumo Mikyo Dorje, el linaje pasó a través de su hijo de corazón, Chokyi Wangchuk, y posteriormente a Khaypa Namkha Odzer, Machig Tulku Jobum, Khaydrup Namkha Gyalsten, Jamsar Sherab Odzer, Kunkhyen Choku Odzer, Kunpang Thugje Tsondru, y así sucesivamente.

El *Tantra de Kalachakra* y sus sistemas relacionados fueron traducidos al Tibetano por muchos grandes traductores desde el siglo XI en adelante. Entre las traducciones del *Tantra de Kalachakra* y sus sistemas relacionados que se extendieron por todo el Tíbet, existen dos linajes distintos: el linaje Ra y el linaje Dro. Mientras que las transmisiones orales del linaje Ra enfatizan el estudio, los del linaje Dro enfatizan la práctica. De esta manera, el linaje Dro sostenido por la tradición Jonang es considerada como la más completa.

Los Orígenes de la Tradición Jonang

Uno puede preguntarse por qué la tradición se conoce como "Jonang". En la provincia central del Tíbet de U-Tsang, hoy en día el distrito de Lhatse, existe un lugar llamado "Jomonang" habitado por una reina del bosque llamada Nag Gyalmo. Es una de las doce *Tenmas* o las deidades protectoras femeninas principales del Tíbet.[53] Durante la propagación temprana de las enseñanzas, el maestro Padmasambhava, Nubchen Namkhai Nyingpo, Dreluay Gyalsten, Nanam Tsultrim Jungnay y muchos otros llegaron a practicar y escribir en esta región. Más tarde, Drogmi Lotsawa, un discípulo del gran yogui Konchok, alcanzó en este lugar el cuerpo de arcoíris. Después de eso, el siddha Darchar Chenpo estableció un centro de meditación en esa región para practicar obras tanto de las Tradiciones de la Traducción Temprana como Posterior. Debido a que los yoguis han recibido visiones extraordinarias de las deidades inusuales en esta región, la gente local dice que esta zona está dotada de una capacidad excepcional de bendiciones.

En el siglo XIII, Kunpang Tukje Tsondru llegó al Tíbet central y estableció el complejo monástico que más tarde se conocería como "Jonang". Kunpang Tukje Tsondru, también conocido como Kunpang Chenpo Kuntu Zangpo, nació en Tangwachar en el año 1343. Estudió en Sakya, Dar, y muchas otras universidades monásticas en el Tíbet central, convirtiéndose en un sabio eminente incluso entre los más eruditos. De Kunkhyen Choku recibió diecisiete empoderamientos diferentes, varias transmisiones tántricas, consejos espirituales personales e instrucciones de la orientación y guía sobre los Seis Yogas de Kalachakra que lo hizo rebosar de las experiencias de la realización.

Al fortalecer sus cinco vientos vitales a través del yoga de aprovechar la energía de la fuerza vital interna, el tercero de los seis yogas subsidiarios, Tukje Tsondru adquirió unas habilidades espirituales excepcionales que podía lanzar a diez personas a la vez con solo tocarlas con la mano. Debido a su habilidad para aprovechar sus vientos vitales, sus asistentes a menudo vivían en los incómodos extremos de calor y frío que él creaba. De hecho, durante

---

53 Las doce deidades protectoras femeninas Tenma (*brtan ma bcu gnyis*) son diosas locales de la tierra consideradas guardianas del Tíbet central.

una de sus meditaciones, Tukje Tsondru tuvo una visión de Avalokiteshvara de once cabezas, quien le dijo que él era la reencarnación del siddha Soton Kunrig, y luego concedieron el permiso para levantar el sello secreto y practicar los *Seis Yogas del Tantra de Kalachakra*. Por su deseo de condensar las instrucciones esenciales del *Tantra de Kalachakra,* continuamente recitaba súplicas, hasta que un día tuvo una visión de todos los Reyes de Shambhala simultáneamente.[54]

La protectora femenina Nag Gyalmo de Jonang le pidió a Tukje Tsondru que viniera a Jomonang. Aun cuando rechazó esta solicitud al principio, prometió que vendría en un futuro cuando fuera el momento propicio. Finalmente, luego del surgimiento de ciertas circunstancias auspiciosas, y ante las numerosas solicitudes de los maestros, estudiantes y comunidad espiritual de las regiones Chi, Drag y Nag, Tukje Tsondru se mudó a Jomonang. Una vez que hizo su residencia en esta región, signos y presagios afortunados comenzaron a ocurrir inmediatamente. Posteriormente, arregló y registró todas las instrucciones de la orientación y la guía transmitidas oralmente sobre los Seis Yogas y, tal como fue profetizado, tuvo una visión de la deidad de Kalachakra. Estos escritos se encontraban entre los primeros manuales sobre los Seis Yogas del *Tantra de Kalachakra* en el Tíbet.

Antes de su llegada a Jomonang, había aproximadamente treinta practicantes, y después de vivir en Jomonang durante algún tiempo, seiscientos grandes meditadores de las Tradiciones de la Traducción Temprana y Posterior, residían en éste lugar. En la última parte de su vida, el maestro Sakya Drogon Chogyal vivió en Jomonang, así como muchos otros maestros establecieron su hogar en ésta región. Después de vivir en Jomonang durante veintiún años, Tukje Tsondru confió el complejo monástico de Jonang a su discípulo, Changsem Gyalwa Yeshe Yontan Gyatso (1260-1327), y en el año 1313 pasó a la gran extensión de la realidad.

---

54 Jamphel Lodro escribió: "Mientras permanecía en Kyid Phuk, Tukje Tsondru tuvo una visión del gran siddha indio Virupa, lo cual lo inspiró para componer un manual compilando el Sendero y su Resultado".

El Omnisciente Sherab Gyaltsen

Después de que Yontan Gyatso sostuviera el Monasterio Jonang durante ocho años, el erudito y adepto de renombre mundial Kunkhyen Dolpopa Sherab Gyaltsen (1292-1361) aceptó el liderazgo Jonang. Como se profetizó sobre Kunkhyen Dolpopa en el *Sutra del Gran Tambor*,[55]

> En el futuro, aparecerá un joven de una familia noble de Magadha el cual todo el mundo se deleitará al ver, será de la familia Kayori y se convertirá en un monje con un nombre similar al mío.

También está profetizado en el *Tantra de la Corona Victoriosa*,

> Aproximadamente mil quinientos años después de que Buda logre el nirvana, en el país de la gente de cara roja, aparecerá un monje que defenderá las enseñanzas como yo. Junto a un río, cerca de una guirnalda de árboles frutales mágicos, en la ciudad de Yi, de la familia Kayori, de un padre llamado "Yeshe Wangchuk" y una madre llamada "Tsultrim Gyanzhe Drag", nacerá un niño que tendrá el nombre de "Buda". Él levantará y ondeará el estandarte de la victoria de mi enseñanza, y hará sonar la caracola del Dharma.

Como se profetizó, Dolpopa nació en la familia Kayori en el año 1292. Fue ordenado por Khenpo Tsultrim Nyingpo y recibió el nombre de Sherab Gyaltsen o "Estandarte de la Victoria de la Sabiduría", el cual más tarde se conoció como el "Buda de Dolpo".

Kunkhyen Dolpopa estudió y aprendió los vastos sutras y tantras similares al océano de más de treinta de los más grandes maestros que vivieron en el Tíbet durante su vida, incluyendo el maestro espiritual Kyiton Jamyang. Recorrió las universidades monásticas principales dentro de las cuatro cadenas montañosas del Tíbet central, y recibió el título de "Kunkhyen" o el "Omnisciente" por su reputación de conocer todas las palabras y sus

---

55 Título tibetano: *rnga bo che'i mdo.*

significados de las escrituras tanto mayores como menores. Dolpopa fue un erudito y una de las figuras más relevantes del Tíbet del siglo XIV.

A la edad de treinta años, Dolpopa recibió la ordenación completa de Khenpo Sonam Dragpa y se mudó a Jomonang. Mientras meditaba en un retiro en la ermita de Khacho Deden, la realización de la visión *zhentong* Madhyamaka surgió por primera vez en su mente, pero se abstuvo de hablar de esto durante algún tiempo. Después de permanecer algunos años en el Monasterio Jonang, Dolpopa erigió la Gran Estupa de Jonang; todo aquel que la vea se liberará. Durante este tiempo, debido a sus actividades incontables, Kunkhyen Dolpopa se mostró de varios aspectos. Mientras algunas personas lo vieron dando enseñanzas, otras lo vieron construyendo la Gran Estupa. Algunas personas pensaron que había manifestado tres cuerpos, mientras que otros juraron que tenía ocho cuerpos, pues parecía que estaba realizando todas sus acciones simultáneamente. Afortunadamente, fue asistido por muchos seres humanos y no humanos en la construcción de la Gran Stupa de Jonang.[56]

Previamente, Kunpang Tukje Tsondru había predicho que "en esta ermita, habrá un hijo superior a su padre y un nieto superior a su hijo". Dolpopa permaneció en Jomonang durante diecisiete años, sosteniendo y desarrollando las enseñanzas del linaje de la meditación Jonang. En particular, compuso innumerables tratados, una de ellas es su obra maestra, *Dharma de la Montaña: Océano del Significado Definitivo*, y explicó extensamente la gran tradición filosófica de *zhentong* Madhyamaka en la Tierra de las Nieves.

Los Maestros del Linaje Jonang

Kunkhyen Dolpopa Sherab Gyaltsen tuvo trece hijos de corazón notables, incluyendo Lotsawa Lodro Pal (1299-1353), Chogle Namgyal (1306-1386), Sazang Mati Panchen (1294-1376) y Nyawon Kunga Pal (1285-1379).[57] Después de que Kunkhyen Dolpopa renunció a su puesto de dirigente, cediendo el liderazgo a Lotsawa Lodro Pal. De esta manera, el liderazgo del

56 Jamphel Lodro escribió: "Más tarde, esta estupa fue parcialmente destruida. No obstante, ha sido restaurada y hasta el día de hoy prevalece".

57 Para una discusión sobre los hijos de corazón de Dolpopa, ver Blo gros grags pa, pp. 32-39.

Monasterio Jonang continuó.

Los primeros grandes maestros del linaje Jonang fueron Kunpang Tukje Tsondru, Changsem Gyalwa Yeshe (1247-1320) y Yontan Gyatso. Estos tres maestros junto con Kunkhyen Dolpopa y su hijo del corazón, Chogle Namgyal son conocidos como los Cinco Antepasados de Jonang. Chogle Namgyal compuso varios tratados sobre la visión *zhentong* Madhyamaka, incluyendo el mayor y menor *Destructor de la Ilusión*[58]. El maestro de las enseñanzas Nyawon Kunga Pal compuso *El Ornamento Radiante de los Sistemas Filosóficos, El Gran Comentario sobre la Cognición Válida que Disipa la Oscuridad de la Conciencia, El Comentario sobre la Sabiduría que Disipa la Oscuridad de la Conciencia* y muchos otros textos.[59] Nyawon Kunga Pal tuvo muchos grandes discípulos a quienes les enseñó el linaje secuencial de la filosofía *zhentong* Madhyamaka; algunos de estos discípulos incluyen a Jetsun Redawa, el Rey del Dharma Jetsun Tsongkhapa, y el gran maestro consumado, Kunga Lodro. Aunque no había muchas universidades monásticas en las que se pudiera estudiar comentarios detallados sobre los *Cinco Volúmenes de Enseñanzas* que constituyen el plan de estudio budista básico en el Tíbet, es notable que Jetsun Tsongkhapa citó más tarde el *Comentario sobre la Sabiduría* de su maestro Nyawon Kunga Pal en su Libro Dorado, la *Guirnalda de Elocuencia*.[60]

Este linaje de discípulos fue entonces sostenido por el gran maestro realizado Kunlo. Más tarde, el gran erudito y yogui, el omnisciente Jetsun Taranatha (1575-1635), cuya sabiduría es igual a la de los Tres Manjushris de la Tierra de las Nieves, defendió el linaje oral de las transmisiones Jonang.[61] Este soberano de las enseñanzas de Buda nació en el año 1575 y, a la edad de un año, dijo repetidamente: "¡Soy Kunga Drolchok!" A la edad

---

58 Título tibetano: *'khrul 'joms che chung.*

59 Títulos tibetanos: *grub mtha' 'od gsal rgyan, rnam 'grel 'grel chen yid kyi mun sel, sher 'grel yid kyi mun sel.*

60 Estos Cinco Volúmenes de Enseñanzas (*bka' pod lnga*) constituyen el plan básico de estudios budistas en el Tíbet. Estos son: 1) Pramana o la Epistemología (*tshad ma*); 2) Madhyamaka o la Filosofía del Sendero Medio (*dbu ma*); 3) Prajnaparamita o la Filosofía de la Sabiduría Trascendente (*phar phyin*); 4) Abhidharma o las Ciencias Internas y Externas (*mngong pa*); 5) Vinaya o Ética (*'dul ba*). Título tibetano: *legs bshad gser phreng.*

61 Los Tres Manjushris del Tíbet (*'jam dbyangs rnam gsum*) son: Sakya Pandita, Tsongkhapa y Longchen Rabjam.

de cuatro años, fue reconocido como la reencarnación del maestro de las enseñanzas secretas, Kunga Drolchok (1507-1566), y fue entronizado en el Monasterio de Cholung Changtse. Más tarde, se encontró con el siddha indio Zhalanatha, quien en un sueño lo nombró "Taranatha".

Taranatha estudió todos los sistemas de las escrituras de las filosofías budistas y no budistas, incluyendo las enseñanzas de los vehículos mayores y menores de los maestros eruditos de la India y el Tíbet. Sus logros como erudito fueron tan gloriosos que su reputación se extendió en todas las direcciones. En el año 1611, estableció el Monasterio Takten Choling, compuso muchos tratados y comentarios sobre varios ciclos de las instrucciones y la guía; técnicas contemplativas, y las prácticas tanto del sutra como del tantra. Lo más significativo es que proclamó las enseñanzas de la visión *zhentong* Madhyamaka como el rugido de un gran león. No solo eso, sino que también Taranatha explicó los métodos de práctica y escribió las instrucciones prácticas para casi todas las secciones de los tantras de las Tradiciones posteriores de la traducción en el Tíbet. De hecho, no había ni una sola tradición tántrica que no sostuviera en lo más profundo de su mente. Aunque nunca viajó a la India, pero, debido a sus vidas anteriores de grandes siddhas indios tales como Nagpopa, fue capaz de contar sus vidas anteriores y *Componer una Historia del Budismo en la India*.[62] Hoy en día, esta obra se considera una de las fuentes fundamentales de la historia budista India y, a menudo, los historiadores indios modernos lo citan.

De todos los célebres exponentes de la filosofía profunda *zhentong* Madhyamaka en el Tíbet, Kunkhyen Dolpopa y Taranatha son considerados los maestros más exaltados del linaje. Sus sucesores espirituales de éstos dos grandes maestros, extendieron por las tres provincias del Tíbet, la tradición Jonang, la cual fue en gran medida conocida en todas partes. En particular, los monasterios Jonang eran conocidos por su práctica de la meditación; de hecho, no tenían rival por las otras tradiciones budistas tibetanas en este entrenamiento. Por ejemplo, en el Tíbet central había el Monasterio Jonang de Kunpang Tukje Tsondru, el Monasterio Dechen de Changsem Gyalwa Yeshe, el Monasterio de la cueva Phukmo de Kunkhyen Dolpopa, el Monasterio Ngam Ring, el Monasterio Chuzang de Chodrak Pal, el Monasterio Ganden de Sazang Mati Panchen, el Monasterio Tsechen Chode

---

62 Título tibetano: *rgya gar gyi chos 'byung*.

de Kunkhyen Nyabon, el Monasterio Lhagang, y el Monasterio Tsanchen, el Monasterio Tagten Choling Ngedon de Jetsun Taranatha, y más de otros treinta monasterios. Chalung Thinley Namgyal también instituyó el plan de estudios escolástico de Jonang en los grandes monasterios Geluk, incluyendo Ganden y Drepung. Sin embargo, la naturaleza de nuestro mundo es que siempre que hay progreso, inevitablemente hay decadencia.

Durante el Quinto Dalai Lama, las tradiciones Jonang y Kagyu fueron severamente oprimidas. La razón de esta supresión no fue por la superioridad o inferioridad de sus visiones filosóficas y sus prácticas, o porque sus sistemas educativos fueran insuficientes, sino que se debió enteramente a la política. Después de que este período de declinación fue superado, los linajes ininterrumpidos de estas tradiciones filosóficas y contemplativas resurgieron. Debido a ello, estas tradiciones han continuado desarrollándose, intactas hasta el día de hoy. Afortunadamente, el discípulo del maestro Jonang Panchen Chogyal, Ratnashri, viajó a la región de Amdo en el Tíbet oriental lejana. En ésta región se comenzó a difundir el pensamiento filosófico *zhentong*. Luego, en el año 1365, Rinchen Pal (1350-1435) estableció el Monasterio Choje en Dzamthang y, desde entonces, la tradición Jonang ha florecido en Amdo.

La Tradición Jonang en la Actualidad.

Hoy en día, el linaje secuencial del pensamiento y la práctica Jonang es defendido y preservado por los monasterios Jonang en Kham y Amdo, en particular los de Dzamthang y las regiones circundantes. Ambos monasterios son de beneficio a cientos de miles de practicantes laicos y ordenados. Por ejemplo, en los monasterios de Dzamthang, hay más de cinco mil monjes que estudian la filosofía *zhentong* Madhyamaka, así como los cinco temas principales de la filosofía budista de autores tales como Kunkhyen Dolpopa, de sus discípulos cercanos y otros grandes maestros del linaje Jonang. En particular, los planes de estudio de estos monasterios enfatizan el aprendizaje y la práctica del linaje ininterrumpido de las fases de la generación y la perfección del *Tantra de Kalachakra*.

También hay varios monasterios Jonang en el distrito de Lhatse del Tíbet central, y más de cincuenta monasterios Jonang propagados en las provincias de Amdo en el Tíbet oriental lejano, incluyendo en la provincia de Ngawa, la provincia de Chuchen, la provincia de Barkam, la provincia de Trochu, la provincia de Gade, la provincia de Padma, la provincia de Chikdril y la provincia de Darlag. En la región de Kham del Tíbet oriental, hay varias provincias, tales como el poblado de Lithang y el poblado de Dabpa, también existen monasterios de Jonang, tales como el Monasterio de Mingyur, el Monasterio de Dragnag, el Monasterio de Zhingwa, el Monasterio de Delu y el Monasterio de Thubpa. Fuera del Tíbet, el centro para el estudio y la práctica de la tradición Jonang es el Monasterio Takten Phuntshog Ling en Shimla, India. Este se ha convertido en un monasterio importante para la práctica de la meditación sobre la fase de la generación y la fase de la perfección del *Tantra de Kalachakra* defendido por la Tradición Jonang.

Debido a que este es un lugar tan importante para los practicantes de Jonang fuera del Tíbet, me gustaría dar una introducción breve de porqué este monasterio es tan significativo. En términos generales, la tradición Jonang no es muy conocida entre los occidentales y en el mundo más allá de las fronteras culturales del Tíbet. Sin embargo, la razón de esto no se debe a que la filosofía Jonang sea una tradición menor o insignificante. Aunque algunos linajes budistas tibetanos han desaparecido mientras que otros se han unificado, actualmente existen cinco tradiciones principales del budismo tibetano. Estas tradiciones en Tíbet se clasifican en dos grandes sistemas filosóficos: los que defienden la visión *zhentong* Madhyamaka y los que defienden la visión *rangtong* el Madhyamaka. De estas dos divisiones, la escuela Jonang defiende el sistema de *zhentong* Madhyamaka. Es decir, de las cinco tradiciones budistas tibetanas, la tradición Jonang es la sustentadora principal de uno de los dos grandes sistemas filosóficos budistas tibetanos. Además de las tradiciones budistas Nyingma, Sakya, Kagyu, Geluk, y Jonang existe la tradición Bon. Si bien las primeras cuatro tradiciones budistas están registradas oficialmente con el gobierno tibetano en el exilio, la tradición Jonang no lo está. La razón de esto es, cuando los tibetanos se vieron obligados a escapar del Tíbet a la India, no había representantes de la tradición Jonang para registrar los documentos adecuados debido a que los grandes lamas del Jonang permanecieron en el Tíbet. Esta es la causa principal por la que la filosofía Jonang no es conocida en el mundo occidental.

Sin embargo, en 1998, algunos monjes Jonang escaparon del Tíbet a la

India. Al ver la importancia de mantener la tradición Jonang, su Santidad el Dalai Lama donó privadamente el Monasterio Jonang Takten Phuntsog Ling en Shimla, nombrando al Undécimo Jetsun Dampa Khalka Rinpoche como líder de la tradición Jonang en el exilio. Su Santidad también expresó cómo es especialmente necesario que la visión Jonang mantenga el linaje de práctica de las fases de la generación y fases de la perfección del *Tantra de Kalachakra*. Luego, en el verano de 2002, Su Santidad visitó el Monasterio Takten Phuntsog Ling durante cuatro días para otorgar empoderamientos y dar enseñanzas de la tradición Jonang, así como para mantener discusiones sobre los propósitos iniciales y futuros del monasterio. En ese momento, Su Santidad subrayó lo importante que es sostener la tradición Jonang, ya que es la única tradición que preserva las instrucciones y las guías completas sobre los yogas de la fase de la perfección del *Tantra de Kalachakra*. También expresó su esperanza de que en el futuro el Monasterio Takten Phuntsog Ling se convierta en un centro de meditación donde los practicantes de cada una de las tradiciones budistas tibetanas puedan venir a entrenarse en los yogas de la fase de la perfección del *Tantra de Kalachakra*.

En el verano de 2003, Jetsun Dampa Kalkin Rinpoche dio enseñanzas sobre el *Elixir por Excelencia de las Etapas Progresivas del Sendero* de Taranatha junto con varios empoderamientos de la tradición Jonang.[63] Más tarde, el Decimoséptimo, Karmapa Orgyan Thinley Dorje, también visitó a Takten Phuntsog Ling en Shimla y enseñó la Canción del Decimotercer Karmapa sobre la *Comprensión de la Visión de las Enseñanzas Profundas Definitivas del Zhentong Madhyamaka*.[64] También, Karmapa expresó cómo sus predecesores y él mismo tienen una afinidad particular por el sistema *zhentong* Madhyamaka, y cómo sus principales maestros han enfatizado la visión *zhentong*.

La tradición Jonang tiene una larga historia sosteniendo sistemas de aprendizaje profundamente científico y un linaje extenso de maestros realizados. Desafortunadamente, la filosofía Jonang no ha sido reconocida por el mundo occidental y no ha recibido el mismo estatus que tienen las otras tradiciones budistas tibetanas debido a su aislamiento. Ahora que esta

---

63 Título tibetano: *lam rim bdud rtsi'i nying khu*. Los empoderamientos que transmitió (*dbang*) fueron los siguientes: Avalokiteshvara del linaje Gelongma Palmo (*dge slong ma dpal mo'i lugs kyi thugs rje chen po'i dbang*) y Tara Blanca (*sgrol dkar*).

64 Título tibetano: *nges don gzhan stong dbu ma chen po'i zab chos go nyams lta ba'i glu*.

tradición se registró ante el gobierno tibetano en el exilio, los monjes realizados de la tradición viven y viajan fuera del Tíbet, asimismo obras significativas del linaje Jonang se están traduciendo al inglés y a otros idiomas occidentales. De esta manera, la tradición Jonang recibirá seguramente mayor atención. Debido al endoso de Su Santidad el Dalai Lama, las enseñanzas Jonang han comenzado a florecer en el mundo más allá del Tíbet.[65]

Las Visiones Filosóficas y las Prácticas de la Tradición Jonang

El Vacío y la Naturaleza Búdica

Las tradiciones budistas Mahayana consideran todo lo que se puede conocer o la naturaleza última de la realidad fenoménica es lo que se conoce como el "vacío". Sin embargo, esto no es un vacío nihilista o un estado de la nada; es la aserción de que no hay una raíz fundamental de la existencia.

Nuestras experiencias actuales burdas, las percepciones de todos los fenómenos dentro de la propia mente, incluyendo las imágenes, los sonidos, los olores, sabores y las sensaciones táctiles, son reflejos de una conciencia sustrato fundamental en los ojos, los oídos, la nariz, la lengua y el cuerpo dentro del continuo de la conciencia de un individuo.[66] Esta conciencia

---

65 Jamphel Lodro escribió: "Jonang Tulku Tashi Gyaltsen Rinpoche ha establecido algunos centros en Nueva York, Georgia y Taiwán. También ha patrocinado el Gran Festival de Oración de Jonang en Bodhgaya, India, donde más de mil monjes se han reunido, cada año desde 2002, para celebrar la tradición durante cinco días. También, algunos lamas de Dzamthang han establecido centros en grandes ciudades dentro de China, por lo que muchos chinos se han interesado en las instrucciones de práctica de Jonang del *Tantra de Kalachakra*".

66 La conciencia sustrato (*kun gzhi rnam shes*) es la octava en la delineación óctuple de la conciencia descrita en la Escuela Yogacara del budismo Mahayana. La conciencia sustrato sirve como un receptáculo y un depósito para las impresiones latentes y las huellas de la memoria (*bag chags*) creadas por las actividades corporales, de la palabra y mentales hasta que se reactivan. Los otros siete tipos de conciencia son: las cinco conciencias sensoriales (*dbang po'i rnam shes*) que incluyen la conciencia visual (*mig gi rnam shes*), la conciencia auditiva (*rna ba'ii rnam shes*), la conciencia olfativa (*sna yi rnam shes*), la conciencia gustativa (*lce'i rrnam shes*), la conciencia táctil (*lus kyi rnam shes*), la conciencia

base o sustrato universal actúa como un espejo que refleja imágenes sobre sí mismo. De esta manera, lo que parece ser externo aparece dentro de la conciencia propia. Debido a esto, las referencias objetivas no pueden establecerse ni siquiera sutilmente como intrínsecamente duraderas y reales.

Dado que los objetos en realidad no existen separados de las proliferaciones de la conciencia sustrato de un individuo, todo lo que perciben los seres ordinarios es un engaño.[67] Al considerar que lo que existe es engañoso, como las apariciones de un ilusionista, todas las cosas constantes y estables en la realidad convencional se entienden como inexistentes o como ilusorias. Sin embargo, la corriente de nuestra conciencia sustrato, la naturaleza eterna vacía de todo, es continuamente permanente y eterna.[68] No importa lo que pase este continuo mental mantiene un éxtasis inmutable que nunca puede ser dañado. Debido a que está desprovisto de falsedad, no puede ser engañado. Por eso se dice que es verdaderamente existente e invariable.

En general, solo alguien que actualiza la budeidad sublime está imbuido de la conciencia omnisciente que conoce instantáneamente los fenómenos no engañosos y todo lo que se puede conocer sobre la naturaleza verdadera de la realidad. A través de su gran compasión amorosa, un buda se convierte en una fuente de refugio con poderes inconcebibles y capacidades para proteger a seres ilimitables engañados. De manera similar, Buda Shakyamuni se manifiesta como reflejos en un espejo apareciendo en formas infinitas para beneficiar a los seres. Los nombres que se le han dado a este potencial innato para la iluminación incluyen:" Naturaleza Búdica "El Modo Básico del Ser", "Nuestra Esencia Iluminada Fundamental " o las "Tres Joyas Definitivas".

Dentro de todos nosotros, en el flujo mental de cada ser sensible, desde el tiempo sin comienzo hasta este mismo momento, hay una esencia iluminada innata que lo impregna todo. Esta esencia es comparable a una joya dentro

---

mental discursiva (*yid kyi rnam shes*), la conciencia contaminada emocionalmente (*nyon mongs pa'i yid kyi rnam shes*).

67 Las inclinaciones inconscientes latentes y las tendencias kármicas residuales (*bag chags*) dentro de la conciencia sustrato son la fuente de estas "proliferaciones de la conciencia sustrato". Las proliferaciones (*mched pa*) son las reactivaciones de las huellas latentes que se asemejan a semillas (*sa bon*) que maduran en los frutos (*'bras bu*) de la experiencia.

68 La base de la conciencia prístina (*kun gzhi ye shes*) es un término que diferencia la naturaleza básica subyacente de la conciencia de la sabiduría prístina de la conciencia sustrato. Es un término técnico utilizado en particular por Dolpopa Sherab Gyaltsen y autores posteriores de la tradición Jonang.

de un jarrón, un bebé dentro de un útero o un tesoro bajo tierra.[69] Debido a las fuerzas oscurecidas de la pasión, la agresión y la ignorancia, los seres ordinarios no reconocen esta esencia innata. Hasta ahora, hemos divagado sin rumbo a lo largo de ciclos interminables de la existencia samsárica sin reconocer nuestro propio potencial. Sin embargo, a través de una introspección perfecta, es posible reconocer este modo real de permanencia de nuestro ser.

Para aquellos que no reconocen inmediatamente su naturaleza propia a través de la práctica contemplativa, existe la mente de sabiduría inmaculada de Buda Shakyamuni, así como los comentarios de autores tales como el *Protector Regente Maitreya*, los *Seis Ornamentos que embellecen nuestro mundo* y las *Dos Excelentes* que nos ofrecen una guía a lo largo del sendero de la meditación.[70] En la alternativa, se puede, confiar en las instrucciones orales de un maestro Jonang calificado, dotado de conocimiento y realización; maestro que puede guiar directamente a la esencia iluminada a través de su propia seguridad. De esta manera, un practicante descubrirá cómo desarrollar la confianza y la convicción en su propia esencia innata. Luego, cultivando la estabilización meditativa en lo que se introduce; posteriormente un estudiante comienza a practicar el sendero profundo de los Seis Yogas y la fase de la perfección del *Tantra de Kalachakra*. Al adquirir los signos y los indicadores del éxito yóguico, un adepto progresará gradualmente a lo largo del sendero de la meditación hasta que la budeidad nazca en su interior. A menos que manifestemos la semilla de la budeidad que se encuentra latente dentro de nosotros, nunca encontraremos un nuevo buda brillante en otro lugar, pues la causa de ser un buda no existe en ningún otro lugar.

---

69 Esta es una referencia a los nueve símiles de la esencia iluminada del *Uttaratantra*, el *Continuo Insuperable*: " Como un buda en un loto que se marchita, como miel entre las abejas, como un grano en su cáscara, oro en la suciedad, como un tesoro bajo tierra, como brotes de un pequeño fruto. como una figura del Vencedor envuelto en un trapo andrajoso, como un rey universal en el vientre de una mujer infortunada, como una imagen preciosa en arcilla. Asimismo, nuestra naturaleza inherente está oscurecida por las distorsiones de las aflicciones fugaces, la esencia iluminada yace dentro de todos los seres ".

70 Los "Seis Ornamentos" son los seis grandes filósofos budistas indios: 1) Nagarjuna; 2) Aryadeva; 3) Asanga; 4) Vasubandhu; 5) Dignaga; 6) Dharmakirti.

La Visión Zhentong: El Vacío Extrínseco

La visión filosófica extraordinaria de la tradición Jonang, se le conoce como "zhentong", "vacío del otro" o "vacío extrínseco". La razón por la que se llama "vacío del otro " o vacío "extrínseco" es debido a que esta visión articula cómo la naturaleza última de la realidad está libre o vacía de todo lo "otro" que su naturaleza esencial absoluta. En otras palabras, está vacío de todo lo que es falso en la realidad relativa superficial. Debido a ello, esta visión se conoce como "vacío del otro". Por lo tanto, se dice que aquellos que defienden la visión *zhentong* consideran la realidad convencional como *rangtong,* o vacía de su propia existencia intrínseca, mientras que consideran que la realidad última está vacía de todo lo que no sea ella misma.

En general, existe la tradición dentro del budismo tibetano de ciertos eruditos que critican y refutan las visiones filosóficas y principios filosóficos que se oponen a sus propios sistemas de pensamiento. Por ejemplo, el erudito Sakya Gorampa (1429-1489) criticó a Tsongkhapa (1357-1419) sobre los *Sesenta Puntos Drong Tsong,* y el erudito Taktsang (nacido en 1405) lo agobió aún más con las *Dieciocho Grandes Cargas de Contradicción.* De igual manera, algunos eruditos han estado en contra de la tradición Jonang en sus intentos de cuestionar sus visiones filosóficas. Tal vez estas personas tengan su propia agenda particular, o quizás simplemente hayan malinterpretado el significado tanto de las visiones como los principios Jonang debido a la profundidad de estas enseñanzas. Cualquiera que sea el caso, este tipo de parcialidad existe. También podría ser que la razón principal por la que persisten tales críticas se debe a la visión central de la tradición Jonang pues la naturaleza última de la realidad es verdaderamente existente y dado que los budistas saben bien que "todos los fenómenos carecen de existencia verdadera", por lo cual la visión *zhentong* es impropia para los oídos de estos críticos.

Anteriormente en la India existía un sistema filosófico conocido como Samkhya, y su filosofía proponía una sustancia primaria a partir de la cual todo lo conocido fue creado.[71] Los críticos de la visión *zhentong* se

---

71 El sistema Samkhya (*grangs can pa*) de la filosofía india clásica fue desarrollado por el sabio Kapila en el siglo VII y principios del VIII a.C. El principio básico de este sistema filosófico dualista es que todo el universo se deriva de dos principios: el principio animado primario (Skt: *purusa*) y el principio inanimado primario (Skt: *prakirti*) que

conducen como si estuvieran refutando la noción Samkhya de una sustancia verdaderamente existente, y luego actúan como si estuvieran refutando la visión filosófica Jonang *zhentong*. Dejando de lado todos los sesgos y prejuicios, supongamos que podemos probar que la filosofía Samkhya es errónea. Incluso si admitimos esto, lo que los eruditos de Jonang llaman la "esencia iluminada verdaderamente existente" o "la naturaleza última de la realidad", no es igual que el principio fundamental establecido por el sistema Samkhya. Lo que los budistas Mahayana conocen como la existencia verdadera que debe ser negada se entiende fácilmente como diferente de lo que afirma la visión *zhentong*, y lo que el enfoque zhentong afirma es fácilmente entendido como diferente de lo que el sistema Samkhya sostiene.

Lo que los budistas Mahayana denominan como el verdadero establecimiento de la "naturaleza de la realidad última" es, de hecho, diferente de la existencia verdadera que debe ser negada.[72] La razón de esto es que, la verdadera existencia que debe ser negada solo puede ser conocida por las mentes conceptuales de los seres ordinarios, la conciencia delirante que está oscurecida por la ignorancia. Dado que el significado real de la naturaleza búdica o esencia iluminada se descubre a través de la sabiduría prístina del equilibrio meditativo que realizan los seres exaltados, es un descubrimiento auténtico. De hecho, su hallazgo lo hace cierto. Si su descubrimiento no fuera auténtico, entonces la sabiduría prístina del equilibrio meditativo tendría que ser conceptual.

Si algo no está de acuerdo con el significado real de lo que se puede descubrir, y si puede engañar a la mente conceptual, entonces no se puede aceptar como verdadero. Debido a esto, la sabiduría prístina del equilibrio meditativo realizada por los seres exaltados se considera verdadera y se dice que es verdaderamente existente. Esto se debe al hecho de que la mente conceptual ordinaria no puede afirmar ni negar el significado real que descubren los seres exaltados. Por ejemplo, supongamos que la naturaleza

---

se fusionan para crear tres cualidades (Skt: *gunas*) que luego interactúan para crear la inteligencia básica (Skt: *buddhi*) de la cual nace la identidad egoísta.

72 Jamphel Lodro escribió: "Porque los seguidores de la visión filosófica Jonang *zhentong* aceptan que es necesario darse cuenta de la ausencia de la doble identidad de un ego inherente y de los fenómenos para convertirse en un buda, y porque es una visión budista común que estos dos tipos de auto-fijación hacen que los seres deambulen por el samsara, ¿no es extraño que la gente critique este punto de vista?"

última de la realidad no existiera verdaderamente. Si careciera de existencia verdadera, entonces podría engañar a las mentes que lo perciben. Por lo tanto, nadie podría probar que es cierto. Siendo esto así, es lógico afirmar que la naturaleza última de la realidad es verdaderamente existente porque lo que es verdaderamente existente no engaña a quienes lo perciben. Si este no fuera el caso, y las perversiones fueran reales, entonces todos querrían afirmar continuamente sus propios absurdos basados en sus engaños.

Algunos dicen que el no encontrar nada por parte de la mente conceptual es descubrir la naturaleza última de la realidad. En realidad, el significado de este no encontrar conceptual es solo una indicación de la mente dualista discursiva. Una mente libre de las percepciones dualistas encontrará ciertamente el significado real. Si una mente libre de las percepciones dualistas no pudiera encontrar el significado real, entonces esta mente no dual que percibe la naturaleza verdadera de la realidad tampoco sería significativa. Sin embargo, tratar de mantener una mente que continuamente se relacione con sus percepciones dualistas es agotador.

Además de estas críticas inconsistentes, los temas más controvertidos sobre la filosofía Jonang son sus visiones sobre la naturaleza última de la realidad y su negación explícita del vacío. Aunque los eruditos que defienden la nada, como los que sostienen una visión de la vacuidad intrínseca o *rangtong*, afirman refutar la visión *zhentong* por medio de citas extensas de las escrituras budistas o utilizando el razonamiento. Estos críticos han seleccionado pequeñas porciones de los escritos sobre la visión *zhentong*, y no los han desarrollado completamente. Por eso se dice que aquellos que defienden la visión de la vacuidad intrínseca no han logrado reconocer la naturaleza última de la realidad.

La razón de esto es que estos eruditos consideran que el conjunto final de enseñanzas del buda Shakyamuni, el Tercer Giro de la Rueda del Dharma, no es preciso y solo tiene un significado provisional.[73] Debido a que Buda enseñó tres Giros sucesivos de la Rueda del Dharma para instruir a sus discípulos cada vez más profundamente, es imposible que el Giro final de la Rueda del Dharma de Buda se considere provisional. Además de esto, el

---

73 El significado provisional (*neyartha, drang don*) en oposición al significado definitivo (*nitartha, nges don*). Estos son esquemas interpretativos empleados para los Tres Giros de la Rueda del Dharma.

buda del futuro, el Maitreya victorioso comentó sobre este conjunto final de enseñanzas como siendo definitivo en significado. De manera similar, Arya Asanga, quien fue profetizado por Buda como alguien que distinguiría el significado definitivo del significado provisional de los sutras, confirmó que el significado último y definitivo de las enseñanzas de Buda se encuentra dentro de sus últimos discursos.

Aunque algunos dicen que Nagarjuna no enseñó la visión *zhentong*, esto no es del todo cierto. Nagarjuna compuso una colección de himnos que alaban la intención iluminada del Giro final de la Rueda del Dharma de Buda, y estas son exclamaciones perfectas del la visión *zhentong*. El hecho es que aquellos que defienden la visión *rangtong* o el vacío intrínseco como un principio fundamental de la realidad no el tienen fuentes en las escrituras filosóficas budistas específicas para probar su posición. En consecuencia, han creado contradicciones internas que solo han llevado a contiendas. Afortunadamente, aquellos que defienden el la visión *zhentong* o la vacuidad extrínseca no tienen estas contradicciones ya que llegan a la intención iluminada de Buda simplemente confiando en las fuentes escritas de Maitreya y Arya Asanga.

Además, aunque aquellos que sostienen la visión *rangtong* no afirman que la naturaleza última de la realidad es verdaderamente existente, esto es imposible de acuerdo con las enseñanzas sublimes sobre la vacuidad. La razón de esto es, si la naturaleza última de la realidad fuera la vacuidad, se convertiría en algo superficial como la naturaleza relativa de la realidad, y por lo tanto carecería de existencia una verdadera. Esto quiere decir que la naturaleza última de la realidad no sería capaz de resistir la investigación penetrante. Entonces la realidad última y la relativa colapsarían una en la otra.

Los Seis Yogas de Kalachakra

Uno puede preguntarse qué tipo de sendero conduce a la manifestación de la esencia iluminada que es indivisible desde la base esencial y la perfección, la cual existe dentro de uno mismo y de todos los seres como budeidad que aparece en sus tres dimensiones despiertas.[74] De acuerdo con la tradición

---

74 Las tres dimensiones o los tres cuerpos iluminados de la budeidad (*trikaya, sku gsum*)

Jonang, aun cuando existen numerosos senderos hacia el despertar, el sendero principal es el de la actualización a través de la confianza en los seis yogas auxiliares de la fase de la perfección del *Tantra de Kalachakra*. Este es el principal sendero de oportunidad de acuerdo con los medios únicos de la meditación en la tradición Jonang.

Para realizar estos yogas, es necesario primero, prepararse practicando los cinco preliminares comunes. Luego, una vez que se completan, uno practica los dos preliminares inusuales de la fase de la perfección hasta que llega el momento de integrar los Seis Yogas de la fase de la perfección en la experiencia propia. Un breve resumen de los cinco preliminares comunes es el siguiente:

1. Comprende cómo las Tres Joyas son genuinas; entiende cómo entiende Buda fue genuinamente un ser despierto; y reconoce las enseñanzas de Buda como auténticas, un ser ordinario puede convertirse en un buda. Al comprender que éstos puntos son válidos, decides por convicción propia cuáles son las fuentes perfectas del refugio, luego haces postraciones y tomas refugio con el cuerpo, la palabra y la mente.

2. Contempla que todos los seres sensibles alguna vez fueron tus padres siendo extremadamente amables contigo, y piensa cómo al confiar en la mente del despertar de la bodichita que beneficia a otros, te establecerás en el estado iluminado de la budeidad. Sabiendo que esto es lo que se quiere alcanzar, decides entrenar tu mente.

3. Para dar lugar a la fase de la perfección profunda del *Tantra de Kalachakra* dentro del continuo de tu flujo mental, y con el fin de purificar los oscurecimientos mentales, y emocionales, visualiza la forma sublime de Vajrasattva y recita el mantra de cien sílabas.

4. Para acumular condiciones meritorias y favorables, realiza el gesto perfecto de generosidad a través de la ofrenda de los mandalas.

---

son: dimensión de emanación (sánscr: *nirmanakaya, tib: sprul sku*), dimensión de éxtasis (sánscr: *sambhogakaya, tib: longs sku*) y dimensión de la realidad última. (sánscr: *dharmakaya*, Tib: *chos sku*).

5. Debido a que todas las bendiciones provienen de los maestros iluminados, practica la Yoga del Gurú fundiendo tu mente inseparablemente de tu maestro raíz.

Estos son los preliminares comunes.

Una vez que las acumulaciones apropiadas de estos preliminares comunes se realicen, un practicante progresa hacia los preliminares inusuales que son exclusivos de los yogas de la fase de la perfección del *Tantra de Kalachakra*. De acuerdo con el Vajrayana secreto, para revertir la intervención de la experiencias engañosas y la circunstancias antagónicas, se practica la fase de la generación de la deidad co-emergente de Kalachakra. Después de que la meditación en la fase de la generación se ha cultivado, las posturas iniciales de la fase de la perfección del *Tantra de Kalachakra* se realizan. A través del apoyo de múltiples posturas corporales y métodos especializados para permanecer en tranquilidad, uno logra los diez signos del resplandor interior.[75] Estas son las dos prácticas preliminares inusuales.

Las prácticas primarias de los seis yogas auxiliares de la fase de la perfección del *Tantra de Kalachakra*, son los siguientes.

1. El primer yoga es el retiro. Apoyado por la práctica del yoga durante el día y la noche, el adepto absorbe, estabiliza y disuelve los diez aires vitales en su canal central, de acuerdo con los grados apropiados de disolución.[76] A través de este proceso yóguico, los seis signos diurnos y los cuatro nocturnos aparecen, y el adepto logrará percepciones inconcebibles de los objetos como Traducir vacías.

2. El segundo yoga es la concentración meditativa. A través de este yoga,

---

75 Los diez signos del resplandor interior (*'od gsal rtags bcu*) son: 1) humo (*du ba*); 2) espejismo (*smig rgyu*); 3) nubes (*sprin*); 4) luciérnagas (*me khyer*); 5) luz del sol (*nyi ma*); 6) claro de la luna (*zla ba*); 7) resplanceder de las piedras preciosas (*rin po che 'bar ba*); 8) eclipse (*sgra gcan*); 9) luz de las estrellas (*skar ma*); 10) rayos de luz (*'od zer*).

76 Los diez vientos vitales (*rlung bcu*) son: 1) aliento (*srog 'dzin*); 2) secreción (*thur sel*); 3) la palabra (*rgyen rgyu*); 4) digestión (*mnyam rgyu*); 5) metabolismo (*khyab byed*); 6) serpientes subterráneas (*klu*) conectadas con los ojos; 7) tortuga (*ru sbal*) conectado con el corazón; 8) Brahma (*tshang pa*) conectado con la nariz; 9) Devadatta (*lha sbyin*) conectado con la lengua; 10) Rey Divino de la Riqueza (*ni lha rgyal*) conectado con todo el cuerpo.

las percepciones de las formas vacías y la conciencia de aquel que percibe internamente se unifican indivisiblemente. Luego, el adepto se involucra de manera experiencial en las cinco formas vacías como iguales a las cinco referencias externas de la forma, el sonido, el olor, el gusto y las sensaciones táctiles.

3. El tercer yoga es aprovechar nuestra fuerza vital. Confiando en el yoga de los vientos vitales, el método vigoroso de aprovechar la fuerza que sustenta nuestra vida, y mediante el yoga de la concentración meditativa que funde la conciencia y las formas vacías, los cinco vientos primarios y los cinco vientos subsidiarios se unifican.[77] Visualizando estos vientos hacia nuestro canal central y los seis centros de los chakras sutiles cesan la circulación de los canales derecho e izquierdo, y el adepto logra el dominio sobre los canales y los vientos.[78] Una vez que esta técnica yóguica se estabiliza, el adepto ya no depende de alimentos burdos para nutrirse, sino que se nutre de los vientos.

4. El cuarto yoga es la retención. Debido a la movilización de la fuerza vital, el adepto puede retener los fluidos corporales esenciales y, por lo tanto, unificar las formas vacías, los vientos y la conciencia. A través de este yoga, estos tres se funden en esferas seminales indestructibles. Estas esferas continúan residiendo dentro de los seis centros de chakras sutiles. Confiando en este yoga de las esferas seminales secretas, el adepto fusiona igualmente las esencias sutiles y las esferas seminales del éxtasis con los cuatro sellos simbólicos. A través de la práctica de inducir repetidamente el éxtasis y la paz, ambas se sostienen de manera inmutable.[79]

---

77 Los cinco vientos vitales primarios (*rtsa ba'i rlung nga*) son: 1) El sustento de la vida (*srog 'dzin*); 2) el movimiento hacia arriba, (*me mnyam*); 3) penetrante (*khyab byed*); 4) compensación de fuego (*gyen rgyu*); 5) limpieza hacia abajo (*thur sel*).

78 Estos seis chakras son: 1) espacio en la parte superior de la cabeza (*gtsug gtor nam mkha'*); 2) éxtasis en la frente (*dpral ba bde ba*); 3) placer en la garganta (*mgrin pa longs spyod*); 4) realidad en el corazón (*snying kha chos*); 5) emanación en el ombligo (*lte ba sprul pa*); 6) éxtasis sustentada en el lugar secreto (*gsang gnas bde skyong*). Hay tres canales principales (*rtsa*) en el cuerpo sutil: el canal central (*dbu ma*), el canal derecho (*ro ma*) y el canal izquierdo (*rkyang ma*).

79 Estos cuatro sellos simbólicos (*phyag rgya bzhi*) son: 1) El Gran Sello (*phyag rgya chen*

5. El quinto yoga es del recuerdo. A través de este yoga del recuerdo, el adepto obtiene un dominio poderoso sobre las esencias sutiles retenidas por los cuatro sellos simbólicos. Más específicamente, al ser apoyados por los sellos simbólicos de formas vacías infinitas y al sostener continuamente la sabiduría prístina de las cuatro alegrías, el adepto es constantemente inseparable de del éxtasis inmutable supremo.

6. El sexto yoga es la absorción meditativa. Dominando el yoga del recuerdo y confiando en la sabiduría prístina del éxtasis constante, inseparable, supremo e inmutable el adepto, gradualmente, difunde las doce esferas seminales impuras. Por medio de la estabilización de la absorción meditativa y el progreso sucesivo a lo largo de las doce etapas de absorción, el adepto logra una coalescencia menor con el cuerpo co-emergente de la deidad de Kalachakra.

Gradualmente, el adepto unifica la vacuidad y el éxtasis por igual para unir a los consortes masculino y femenino en un abrazo iluminado. Esta es la deidad de Kalachakra que reside de manera co-emergente en nuestro continuo consciente. Al actualizar el cuerpo, la voz y la mente de la deidad de Kalachakra dentro de uno mismo como una corriente del éxtasis experimentado de forma continua permite al adepto manifestarse de innumerables maneras para sin esfuerzo y espontáneamente traer felicidad a los seres. Ello es la suprema perfección de la budeidad.

Los Métodos de meditación de la aparición mágica
Recibiendo el gran éxtasis de una consorte física como una forma vacía,
Y como la realización constante y perpetua de la gracia,
¡Continúa multiplicándose incontablemente en las montañas nevadas!

---

po); 2) El Sello real (*chos kyi phyag rgya*); 3) El Sello del Compromiso Sagrado (*dam tshig phyag rgya*); 4) El Sello de la Actividad (*las kyi phyag rgya*).

CAPÍTULO VIII

LA TRADICIÓN GELUK

La Historia de la Tradición Geluk

El Sombrero Amarillo

Tal como fue profetizado por el Buda en su colección de discursos del Sutra, titulado *el Rey de los Consejos*, el Rey del Dharma Jetsun Tsongkhapa estableció el Monasterio de Ganden o el Santuario Victorioso del en la ladera de una montaña a las afueras de la ciudad de Lhasa, en el Tíbet central.[80] La tradición filosófica de este lugar, fue inicialmente denominada como "Gandenpa" debido al nombre del monasterio; tiempo después se popularizó como "Geluk".

Cuando el monje del siglo X, renovador de los códigos éticos budistas, Lumey Tsultrim Sherab, partió del gran maestro Gongpa Rabsal para emprender un viaje al Tíbet central, le fue dado un sombrero amarillo para que lo usara en conmemoración de su maestro. Desde ese entonces, los monjes de la tradición Geluk han usado sombreros amarillos como la representación de su dedicación al Vinaya o las enseñanzas éticas de Buda. Para indicar su propia adhesión al Vinaya, Tsongkhapa también usó un sombrero amarillo mientras impartía enseñanzas. Debido a ello la Escuela

---

80   Título tibetano: gdams ngag 'bogs pa'i rgyal po.

Geluk se conoce como la tradición del "sombrero amarillo".

El Gran Jetsun Tsongkhapa

Jetsun Tsongkhapa Lozang Drakpa (1357-1419) nació en Tsongkha, en el distrito Domey de Amdo, en el Tíbet oriental extremo. A la edad de ocho años, Tsongkhapa tomó los votos de ordenación del maestro Choje Dondrup Rinchen y recibió el nombre de "Lozang Drakpa". Cuando tenía dieciséis años, partió hacia el Tíbet central. En esta región conoció a muchos maestros increíbles, incluyendo a Lama Uma, Choje Remdawa, el adepto realizado karmavajra de Lodrak y los maestros de Jonang, Chogle Namgyal y Nyawon Kunga Pal. Tsongkhapa permaneció una década con estos grandes maestros estudiando los comentarios y las instrucciones prácticas de cada una de las diferentes tradiciones budistas Hinayana, Mahayana y Vajrayana. Con el tiempo, no tuvo rival en su conocimiento de los temas generales de las ciencias budistas, por lo que su reputación como erudito y adepto se propagó en todas direcciones.

Tsongkhapa recibió la ordenación completa de Khenpo Tsultrim Rinchen, quien mantuvo el linaje de preceptos del gran Pandita Shakya Shri, y a través de su cuidadosa observación, incluso de los votos menores. Fue respetado como el sostenedor principal del código monástico Vinaya en el Tíbet. Con el apoyo y el respeto de los grandes eruditos y adeptos de su época, Tsongkhapa inició el Gran Festival de Oración en Lhasa, durante la inauguración colocó coronas enjoyadas sobre las estatuas de Jowo Shakyamuni, Manjuvara y Avalokiteshvara en el templo central.

A la edad de cincuenta y tres años, Tsongkhapa fundó el Monasterio de Namgyal en las tierras altas del Tíbet central, lugar en el que enseñó extensamente. Entre sus composiciones más renombradas se encuentran *La Elucidación Esencial de los Significados Definitivo y Provisional*, *La Lámpara Iluminada de la Cinco Etapas*, *La Gran Exposición sobre las Etapas del Sendero y La Gran Exposición sobre las Etapas del Tantra*.[81] Tsongkhapa tuvo muchos estudiantes, incluyendo los cuatro discípulos cercanos, cinco discípulos

---

81 Títulos tibetanos: *drang nges piernas bshad snying po, rim lnga gsal sgron, lam rim chen mo, sngags rim chen mo.*

realizados, cuatro discípulos empobrecidos, ocho discípulos puros, dos discípulos principales, cuatro discípulos jefe, diez luminarias de las enseñanzas, seis bodhisattvas, dos eruditos distinguidos, y seis grandes discípulos que difundieron el budismo ampliamente en todo el Tíbet.

Después de la muerte de Jetsun Tsongkhapa, su asiento en el Monasterio de Ganden lo ocupó su discípulo Gyaltsab Dharma Rinchen (1364-1432), y luego por Khadrup Gelegs Pal Zangpo (1385-1438). Esta sucesión ha continuado hasta el día de hoy, con el centésimo primer sostenedor del trono de Ganden. Tsongkhapa tuvo muchos discípulos en las tres provincias del Tíbet y, como consecuencia, las enseñanzas y el linaje de Ganden han florecido.

Los Monasterios Geluk

En el año 1419, el discípulo de Tsongkhapa, Jamyang Choje (1379-1449), los estableció el gran complejo monástico de Tashi Drepung; en el mismo año, Jamchen Choje fundó el Monasterio Sera Thegchen. Posteriormente, en el año 1447, el discípulo de Tsongkhapa y primer Dalai Lama, Gendun Drub (1319-1474) estableció el Monasterio Tashi Lunpo. Estos tres monasterios, en conjunto con Ganden son los cuatro principales complejos monásticos de la tradición Geluk en el Tíbet central, mismos que han servido como modelo para otros monasterios Geluk.

En particular, dentro de la región de Amdo, provincia nororiental del Tíbet, hay cuatro monasterios Geluk conocidos como los "Cuatro Grandes Monasterios del Norte" que siguen el plan de estudio y de meditación sostenidos por los cuatro principales monasterios Geluk en el Tíbet central. Previo a la vida de Jetsun Tsongkhapa, en el año 1349, Choje Dondrup Rinchen fundó el Monasterio Chakyung Tekchen Yontan Dargye en Domey, posteriormente, se convirtió en un monasterio que sostiene los linajes de enseñanza y práctica de la tradición Geluk; en 1604, Gyalse Donyod Gyatso estableció el Monasterio Gon Lung Jampa; en 1649, Chuzang Namgyal Paljor fundó el gran Monasterio Chuzang Ganden Mingyur en Domey; en 1650, Khenpo Tsadpo Dondrup Gyatso estableció el Monasterio Serkhog Ganden Damcho. Juntos, representan los "Cuatro

Grandes Monasterios del Norte" de la tradición Geluk.

En 1709, Jamyang Shepa (1648-1721) fundó el Monasterio Labrang Tashikhyil en el noreste del Tíbet, asimismo se han construido monasterios subsidiarios más pequeños en todo el Tíbet. En la actualidad, el Monasterio de Ganden, el Monasterio de Drepung y el Monasterio de Sera se han restablecido en la India con más de diez mil monjes. De este modo, la tradición Geluk continúa desarrollando sus centros de aprendizaje en todo el mundo. El modelo básico para el plan educativo de la tradición Geluk que se continúa empleando hasta el día de hoy fue diseñado por Tsongkhapa y sus dos discípulos más cercanos, Gyaltsab Darma Rinchen y Khadrup Gelegs Pal Zangpo. Además de estos estudios primarios, se han desarrollado diferentes planes de estudio, elaborados por maestros posteriores del linaje tales como Sera Jetsun Chokyi Gyaltsen (1469-1546), Panchen Sonam Drakpa (1478-1554), Zhang Gaway Lodro, y Jamyang Shepa.

LA VISIONES Y LA PRÁCTICAS DE LA TRADICIÓN GELUK

Los Tres Aspectos del Sendero

La fase inicial para cualquiera que busque la libertad espiritual y la budeidad omnisciente es desencantarse genuinamente de todos los aspectos del samsara. Este proceso comienza cuando un practicante reconoce cuán extremadamente inusual y precioso es el perfecto renacimiento humano y cómo ahora estamos dotados con las ocho libertades y las diez fortunas.[82]

---

82 Las ocho libertades (*dal ba brgyad*) son: 1) Estar libre de la vida de un morador del infierno; 2) Estar libre de la vida de un fantasma hambriento; 3) Estar libre de la vida de un animal; 4) Estar libre de la vida de un dios; 5) Estar libre de la vida de un bárbaro; 6) Estar libre de creer en puntos de vista extremadamente pervertidos; 7) Estar libre de vivir durante un tiempo en el que no hay enseñanzas de un buda; 8) Estar libre de vivir una vida sin facultades mentales y sensoriales sanas; Las diez fortunas (*'byor ba bcu*) son: 1) La fortuna de vivir la vida de un ser humano; 2) La fortuna de vivir en un lugar donde hay enseñanzas de un buda; 3) La fortuna de vivir con las facultades de los sentidos intactas; 4) La fortuna de no tener puntos de vista inexplicablemente pervertidos; 5) La fortuna de estar dotado de fe; 6) La fortuna de que haya aparecido un buda; 7) La

Al contemplar la certeza de la muerte, la incertidumbre del momento de la muerte y cómo, a través del poder de las acciones y las emociones, se crea todo lo positivo y lo negativo en el mundo del samsara, el practicante se siente obligado a actuar con diligencia en esta vida. Con una visión amplia de la realidad, y analizando una y otra vez las escrituras, y el razonamiento, llega a comprender la felicidad genuina. Este deseo que se genera de ser libre y de revertir todo dentro de los tres reinos del samsara se conoce como la "renuncia" al samsara, base del sendero budista de la transformación.

Si un practicante es capaz de generar la renuncia auténtica en su continuo mental, entonces cada virtud y cada impresión kármica creada servirá como fuente de la liberación. Al meditar sobre el amor bondadoso y la compasión, un practicante comprende que, en un momento u otro, cada ser sensible ha sido su propia madre bondadosa. El deseo sincero de establecer a todos los seres en el estado último de completa budeidad, y el estado mental inalterado que da lugar al surgimiento de la "bodichita" o la "mente del despertar". Una vez que alguien ha dado lugar a esta mente genuina del despertar, cualquier cosa que esa persona haga lo hará progresar a lo largo del sendero Mahayana y lo impulsará hacia la omnisciencia, ya que esta es la práctica más importante a lo largo del sendero budista de la transformación.

Sin embargo, si una comprensión de la naturaleza insustancial de la realidad no surge dentro de nuestro continuo mental, y si no se produce una comprensión tanto de la naturaleza insustancial del yo como de los fenómenos, entonces las emociones negativas no se remediarán. Por esta razón, la realización de la insustancialidad es esencial para la libertad de la mente. Por consiguiente, es imperativo que un practicante compruebe, mediante el razonamiento, la primacía de la relatividad suprema. Esta "visión del vacío" es fundamental para avanzar en el sendero budista de la transformación.

Debido a que la renuncia, la mente del despertar y la visión de la vacuidad son los tres puntos principales necesarios para perfeccionar el sendero budista de la transformación espiritual, Jetsun Tsongkhapa los llamó los "tres aspectos del sendero".

---

fortuna que un buda ha impartido enseñanzas; 8) La fortuna de que las enseñanzas de Buda sigan existiendo; 9) La fortuna de comprender las enseñanzas de Buda y vivir en consecuencia; 10) La fortuna de que los maestros espirituales estén accesibles.

La Vacuidad y la Ética

La visión inusual de la tradición Geluk reconoce que la naturaleza última de la realidad debe ser refutada como inexistente. Este reconocimiento incondicional de la realidad última, también conocido como "negación no afirmativa", es muy valioso. Por ejemplo, dado que seres ilimitados desde un tiempo sin comienzo se han fijado intensamente en la creencia falsa en un yo independiente y perdurable, esta afirmación de una negación no afirmativa comprende la naturaleza vacía de todos los fenómenos y actúa como un antídoto para esta fijación intensa. Debido a que esta visión revierte el hábito de confundir las cosas con verdaderamente existentes, es extremadamente eficaz para contrarrestar la fijación en un yo permanente. Además de esto, la constatación de la interdependencia de todos los fenómenos contrarresta la tendencia a caer en los hoyos de una visión corrompida y asegura el éxito de los practicantes a lo largo del sendero de la meditación más que aquellos que carecen de este entendimiento.

Las características particulares de la práctica de Geluk enfatizan el sendero común de la renuncia y dan lugar a la mente del despertar. Luego, la visión de la vacuidad se desarrolla gradualmente a través de escuchar exhaustivamente las enseñanzas, el estudio de la tradición de las escrituras y, finalmente, la meditación sobre las instrucciones de guía personal. En general, Jetsun Tsongkhapa centró la mayor parte de su atención en explicar el enfoque inusual realizar de la vacuidad como una negación no afirmativa. Enfatizó en cómo las visiones y las prácticas inusual del Hinayana, Mahayana y Vajrayana están alineadas con el razonamiento de Prasangika Madhyamaka.

Como enseñó Buda, la supervivencia del budismo depende de cuán honestamente los monjes mantengan el código ético monástico del Vinaya. Incluso si unos pocos yoguis tántricos contradicen esta ética, las enseñanzas de Buda están amenazadas. Por ello el mantenimiento del Vinaya es tan importante. Esta es la razón por la que existen unos métodos precisos para practicar las enseñanzas tántricas del Vajrayana así como los rituales especiales diseñados para la renovación de votos de los practicantes que han actuado de manera no ética.

En la arboleda feliz de las deidades, el código ético inmaculado
¡Con regocijo y bondad cantan canciones de las explicaciones elocuentes!
La tradición Geluk crece en el océano bermellón
¡Con las enseñanzas de Buda al Norte!

EPÍLOGO

La Interrelación de las Instrucciones Esenciales de Buda

Las Cinco Tradiciones del Budismo Tibetano

Existen numerosos desacuerdos respecto a cuándo falleció Buda, en la India, Birmania, Tailandia, Sri Lanka, Camboya y otros países que generalmente siguen el sistema de la Escuela Sthavira o Escuela de los Ancianos. Más no obstante a ello, desde este año (2005), hace dos mil quinientos cuarenta y nueve años desde el nirvana de Buda. En el año 433 del calendario budista, novecientos setenta y siete años después del nirvana de Buda, durante el siglo VII E.C.[83], el budismo fue introducido al Tíbet por el rey del Dharma Songtsen Gampo. A finales del siglo VIII y principios del IX, el abad Shantarakshita, el maestro Padmasambhava y el rey del Dharma Trisong Deutsen se reunieron y en coordinación el budismo comenzó a florecer en el Tíbet. Durante este tiempo, ciento ocho eruditos de la India y ciento ocho traductores del idioma tibetano se reunieron en el gran Templo de Samye.

A esta época se le conoce como el florecimiento temprano de las enseñanzas de Buda. En el momento del florecimiento temprano, estaba el Rey Trisong Deutsun y los veinticinco discípulos de Padmasambhava, ochenta adeptos realizados, ciento ocho grandes meditadores de Chuwori, treinta adeptos realizados de Sheldrak, veinticinco maestros realizados de Yangdzong Phuk, y muchos otros sostenedores de la conciencia y adeptos se encontraban presentes.

En el año 901, dio inicio setenta años de persecución del budismo en el Tíbet. Durante esta etapa, las comunidades budistas fueron perseguidas, y todos los tantras del período de la traducción temprana fueron almacenados en lugares seguros por los practicantes tántricos, logrando que estos

---

83 Era Común

textos permanecieran incorruptos. Luego en 973, hubo un resurgimiento del budismo. Desde este resurgimiento y posterior florecimiento, las traducciones de las enseñanzas de Buda que tuvieron lugar durante ese tiempo han sido designadas como el de las nuevas traducciones.

Las tradiciones Sakya, Kagyu, Jonang y Kadam surgieron durante éste nuevo período de la traducción. Más tarde, las instrucciones de la tradición Kadam fueron incorporadas a una tradición de enseñanza más general. Más específicamente, la tradición oral Kadam fue expandida y reinterpretada por Tsongkhapa para ser conocida como la nueva tradición Kadam o Geluk. Además de estas tradiciones principales, también había muchos linajes menores de instrucción oral, tales como Shalupa, Orgyenpa, Wodongpa, entre otras. Aun cuando algunas de las influencias filosóficas de estas tradiciones han sobrevivido, sus grandes actividades iluminadas nunca se propagaron. Hoy en Tíbet, Sakya, Kagyu, Jonang y Geluk son las cuatro tradiciones sobrevivientes más conocidas de este período de la traducción temprana.

El Monasterio Sakya fue establecido por Kontan Konchok Gyalpo en 1073, por lo que es la más antigua de estas cuatro tradiciones. Poco tiempo después, renació el antepasado de la tradición Kagyu, Lotsawa Marpa Lodro. Durante su vida, Marpa viajó a la India para traer la guía de las instrucciones esenciales de Buda al Tibet. Aunque este logro ayudó a extender el budismo en el Tíbet, no se estableció firmemente la tradición Kagyu. Siendo esto posible hasta que Marpa confió las instrucciones esenciales de Buda a su discípulo, Milarepa, quien luego transmitió estas instrucciones a Gampopa; de esta manera la tradición Kagyu fue establecida. Gampopa fundó el centro monástico de la Montaña Gampo en el año 1121, comenzando el desarrollo de la tradición Kagyu tal como la conocemos hoy en día.

La tradición Jonang se estableció aproximadamente un siglo después de la tradición Kagyu. Aunque muchos de los sutras y los tantras que dilucidan la naturaleza búdica fueron traducidos del sánscrito al tibetano durante la época del abad Shantarakshita, de él maestro Padmasambhava y el rey del Dharma Trisong Deutsen, la tradición de explicar de manera amplia la filosofía *zhentong* Madhyamaka no se desarrolló a partir de estas primeras traducciones. Después, Zi Lotsawa Gaway Dorje inició el sistema de sutra *zhentong*. Posteriormente, Dro Lotsawa Sherab Drakpa inició el sistema de tantra *zhentong* en el Tíbet. La tradición Jonang se arraigó firmemente en el año 1292 cuando Kunpang Thugje Tsondru estableció la sede monástica en Jomonang. A partir de éste momento en adelante, las enseñanzas Jonang se han sostenido. En el siglo XIV, el gran maestro del Jonang, Kunkhyen Dolpopa Sherab Gyaltsen unificó las enseñanzas del sutra y el tantra, A causa de ello, la visión y las prácticas del Gran Madhyamaka *zhentong* se extendieron por todas partes, como el fuerte rugido de un león.

En 1407, más de cien años después de que la tradición Jonang hubiera iniciado, el gran Jetsun Tsongkhapa estableció el Monasterio Ganden en las tierras altas del Tíbet central, comenzando la tradición Geluk.

Unidad de las Tradiciones Budistas Tibetanas

Debido a que los estudiantes tienen diversas disposiciones e inclinaciones, existen varias enseñanzas que se adaptan a los diferentes tipos de personas. Con esto en mente, es importante reconocer cómo todas estas enseñanzas comparten la única intención esencial de Buda, y cómo todos los adeptos eruditos tanto de la India como del Tíbet transmitieron esta intención última. En palabras de Panchen Lozang Chogyan,

> Yoga coemergente, Mahamudra Quíntuple, Un Sólo Sabor, Las Cuatro Sílabas, Pacificación, Ruptura, Dzogchen, instrucciones sobre la visión de Madhyamaka, y así sucesivamente. Aunque estas enseñanzas reciben varios nombres con intenciones aparentemente diversas, si los yoguis con experiencia y eruditos que entienden el significado último de las escrituras y el razonamiento examinan cuidadosamente, descubrirán que estas enseñanzas tienen una sola intención.

De las palabras de Panchen Lozang Yeshe, quien también fue el autor de un texto guía sobre Mahamudra:

> Sistemas filosóficos de Utsang a Ngari,
> Todos éstos lugares comparten exactamente las mismas

enseñanzas del Victorioso.

Debido a esto, abstente de actuar como un demonio de la parcialidad.

En vez de ello, aumenta tu visión pura como una joya radiante.

El tutor del Gran Quinto Dalai Lama, Kontan Paljor Lundrup, compuso un texto guía sobre las enseñanzas de Mahamudra, Dzogchen y Madhyamaka; el erudito Geluk Khadrup Je alabó las enseñanzas de Dzogchen en su respuesta a las preguntas de Geshe Sangye Rinchen sobre la intención última; el maestro Nyingma Jamyang Mipham Rimpoche estableció cómo, a través de las escrituras y el razonamiento, la intención de las tradiciones Sakya, Geluk, Kagyu, Nyingma y Jonang no son contradictorias entre sí. Estos son solo algunos ejemplos que apuntan cómo los maestros del pasado han transmitido esta última intención.

Como muestran éstos ejemplos, el motivo para estudiar y practicar es uno y el mismo. Solo por esta razón, es importante permanecer imparcial con la fe y la comprensión de la verdad subyacente y el propósito compartido por todas las enseñanzas de Buda. Porque si nos esforzamos en probar o refutar una enseñanza exclusivamente sobre otra, este tipo de actitud asertiva finalmente será contraproducente.

Tal como lo hemos visto, los grandes fundadores de los linajes de enseñanza del budismo tibetano poseían una mente de sabiduría. Esto se ejemplifica nuevamente en las siguientes palabras de Panchen Lozang Chokyi Gyaltsen:

Poderoso siddha Padmasambhava, tu manifestación Atisha, y tu gloriosa reencarnación Tsongkhapa, en nadie más que en ti, voy por refugio.

El segunda Dalai Lama Gedun Gyatso también escribió:

Sostenedor de la conciencia y soberano de todos los siddhis, Padmasambhava,
Adorno de la corona de los eruditos quinientos, Atisha,
Vajradhara Todopoderoso, Tsongkhapa glorioso,
Ante la danza de sus innumerables manifestaciones me inclino.

De manera similar, Jetsun Tashi Gyats, expresó:

> El brillo ilimitado, Amitabha, el protector Padmasambhava, Atisha y el gentil esplendor, Tsongkhapa son de una consciencia de la sabiduría cuyos gestos son como el juego de la luna en el agua. Por convicción en lo profundo de mi corazón, me inclino cientos de veces.

Gungtang Rinpoche también escribió en sus instrucciones explícitas sobre la práctica de Manyushri:

> Iniciador del budismo en la Tierra de las Nieves, Padmasambhava, Compositor de la unión de los tantras y su significado, Atisha, Compositor que disipó la oscuridad de la confusión, Tsonkhapa, Ustedes tres son inseparables, genuinamente establecidos a través de las escrituras.

Como todos los grandes maestros budistas de nuestro tiempo han establecido, que "independientemente de la tradición que practiques, los adeptos budistas son aquellos que se esfuerzan mediante el desarrollo de la devoción, la visión pura, la pureza, la oración y las ofrendas". Esta convicción se ve reflejada en la biografía condensada de Padmasambhava donde se lee:

> La profecía de Buda menciona que en la región de Amdo, la manifestación de Atisha aparecerá como Tsongkhapa. A la llegada de este gran ser al Tíbet, florecerá la alegría y la felicidad. En ese momento, las fuerzas de la positividad se regocijarán.

> En el momento de mi emanación conocida como Sakya, nacerá un niño en este mundo de un padre llamado Manjushri y una madre llamada Tara cuyo nombre será Sakya Pandita Kunga Gyaltsen, el protector supremo de los seres. Reconstruirá templos y proporcionará alimento espiritual a los seres. Expandirá las enseñanzas tántricas secretas de Buda. Él proporcionará alegría y felicidad en todo el Tíbet.

Una emanación de Manjushri, Nyawon Kunga Pal, escribió:

> Conocido como el Príncipe Litsavi como él asistente de
> Buda, Loto Blanco nacido de la familia noble de Kalapa, y el
> gran Nagarjua de la montaña Sri Parvata, el gran bodhisattva
> Dharmodgata de la montaña nevada de Ponaydan, Songtsen
> Gampo de la ciudad de Lhasa, Padmasambhava del Continente
> de Chamara, Shesrab Gyaltsen, a sus pies, les suplico.

Thekwang Chokyi Dorje en su trabajo titulado El *Pulido de la Gema Ketaka*
también escribió:

> El gran Jowo, el precioso e inigualable Gampopa, el Rey del
> Dharma Tsongkhapa son todas manifestaciones mágicas del gran
> maestro Padmasambhava. Como se dice una y otra vez, nadie ha
> sido más amable hacia la gente y el budismo del Tíbet.

En base a estos pasajes, podemos comenzar a comprender cómo todos estos
maestros son del mismo continuo de la sabiduría. Sin tomar en cuenta su
nivel mutuo de renuncia y realización, algunas personas sin razón alguna
continúan aferrándose firmemente a sus visiones parciales de que uno es
mejor y otro es deficiente. Es más, al afirmar o refutar una de estas enseñanzas
sublimes sobre otra, deriva en un comportamiento que en realidad causa
divisiones entre las diversas tradiciones y continúa inculcando miedo en las
mentes de los practicantes.

El Espíritu Rimed

Para perfeccionar nuestras prácticas y convertirnos en una persona espiritual
auténtica, podemos adaptar un enfoque Rimed o imparcial hacia las
tradiciones budistas. Por ejemplo, Jetsun Tsongkhapa recibió las instrucciones
en la práctica de Dzogchen del gran maestro Nyingma de Lodrak llamado
Layki Dorje, las instrucciones de Madhyamaka del maestro Sakya Remdawa
Zhonu Lodro, instrucciones sobre los Seis Yogas del *Tantra de Kalachakra* de

Jonang Panchen Chogle Namgyal y las instrucciones sobre el *Prajnaparamita Sutras* o la *Escrituras de Sabiduría Trascendental* de Jonang Nyawon Kunga Pal. Si Tsongkhapa no hubiera honrado a estos maestros espirituales y al espíritu filosófico Rimed, no hubiese tenido la determinación de recibir y practicar estas diversas instrucciones esenciales.

De la misma manera que Tsongkhapa, hay numerosos maestros de las tradiciones Sakya, Geluk, Kagyu, Nyingma y Jonang que reconocen y mantienen el conocimiento filosófico de otros linajes sin contradicción. Otro ejemplo fue el Gran Quinto Dalai Lama Ngawang Lozang Gyatso, quien era un sostenedor del linaje central de la tradición Geluk, pero también compuso un texto guía esencial sobre las enseñanzas de Nyingma Dzogchen conocido como las *Instrucciones Orales de los Sostenedores de la Conciencia*. Kunkhyen Longchen Rabjam, sostenedor del linaje central de la tradición Nyingma, recibió y practicó muchas enseñanzas profundas sobre el significado definitivo *zhentong* del Tercer Karmapa Rangjung Dorje. Ju Mipham Jamyang Gyatso de la tradición Nyingma afirmó una visión *zhentong* similar a la de Jonang en su famosa obra titulada *El Rugido del León*. El gran maestro Nyingma, Za Patrul Orgyen Jigme completó un retiro de tres años sobre los Seis Yogas del *Tantra de Kalachakra* de la tradición Jonang, debido a ello fue capaz de explicar este sistema. Konton Konchog Gyalpo, un lama de la tradición Sakya, impartió consejos de las enseñanza inmaculadas de la tradición Nyingma. Jamgon Kongtrul Lodro Thaye, un gran ejemplo del espíritu Rimed, compiló el *Tesoro de los Consejos Espirituales,* integrando las instrucciones esenciales de los ocho vehículos o linajes de práctica del budismo tibetano. El maestro de Jonang, Kunpang Thugje Tsondru, practicó los diecisiete linajes de las instrucciones y la guía del *Tantra de Kalachakra* en el Tíbet.

Los linajes del budismo tibetano están entrelazados a través de empoderamientos, transmisiones, las instrucciones y la guía, en la medida que incluso no existe uno que no esté conectado a otro. Por esta sola razón, observar una tradición con parcialidad, o bien, considerar una tradición como mejor que otra, es un error. Dado que estas tradiciones son puertas iguales a la sabiduría, todas son beneficiosas. Como han explicado los fundadores y grandes autores de estas tradiciones: estudiando y practicando lo que estas tradiciones tienen para ofrecer, nos permite evitar prejuicios.

Este espíritu imparcial Rimed es mantenido especialmente por Su Santidad el Decimocuarto Dalai Lama quien hace un trabajo increíble al defender las enseñanzas, las prácticas y la explicación de los linajes de las cinco tradiciones budistas tibetanas.

Las enseñanzas de la Tierra Nevada del Tíbet, y cada
sostenedor sublime de las enseñanzas,
¡Son uno sin contradicción, establecido
a través de las transmisiones genuinas!
La gente común hace suposiciones
arrogantes debido a sus fijaciones ingenuas.
¿Por qué existe tanto balbuceo sobre el apego y la aversión?

SÚPLICA FINAL

Maestros, budas victoriosos y los hijos espirituales del linaje,
Por favor consideren mis descripciones de las elegantes acciones
iluminadas de los tres tiempos.

¡Que pueda nacer toda la riqueza exaltada de la virtud en estos
tres tiempos!
¡Que puedan todas las corrupciones y fechorías, acumuladas
desde tiempos sin comienzo ser purificadas!

Desde tiempos sin comienzo, los seres han divagado por el
océano de la existencia,
Buscando una vida llena de fama, riqueza y lujos mundanos
Sin hacer otra cosa que sólo acumular más deuda kármica.

De ahora en adelante, por la acumulación de todo mérito positivo
¡Obtenido a través de las actividades de mi cuerpo, palabra y
mente!

Que logre la habilidad suprema a través de éstas acciones positivas,
Que pueda a través de los medios y el conocimiento, realizar el
logro del sendero excelente,
¡Y enseñe para traer felicidad y bienestar a los seres!

Que pueda, en todas mis vidas, contar con un sublime y excelente
maestro espiritual,
¡Y no separarme del sendero perfecto del despertar!
Que me pueda separarme del todo de las acciones fútiles y aflictivas,
¡Y pueda constantemente presentarse oportunidades para lograr

grandes beneficios!

En particular, que pueda estar agradecido a mis padres por su bondad al darme mi cuerpo,
Y que quien sienta el más mínimo sentimiento de debilidad o timidez,
¡Puedan darse cuenta de la virtud del éxtasis y la alegría del cuerpo y la mente!

Mientras el espacio perdure,
Y mientras existan seres sensibles,
A través del poder y la intensidad de la sabiduría,
Puedan todos los seres ser embellecidos, dotados de fortuna,
¡Y lograr la vasta felicidad que beneficia a los demás!

Las enseñanzas de Buda son puras desde el principio,
¡Y los defensores de estas enseñanzas están conectados sin engaño con los vencedores!

A través de la intención altruista de perfeccionar las dos acumulaciones,
¡Puedan todos los seres ser capaces de cumplir espontáneamente todos sus deseos sin obstáculos!

BIBLIOGRAFÍA

Fuentes Citadas

Blos gros grags pa, Mkhan po Ngag dbang. *Jo nang chos 'byung zla ba'i sgron me*. Qinghai: Nationalities Press, 1992.

Byang sems rgyal ba ye shes. *Dpal ldan dus kyi 'khor lo jo nang pa'i lugs kyi bla ma brgyud pa'i rnam thar*. Beijing: Mi rigs dpe skrun khang, 2004.

Lodro, K.R.J. *Bod kyi chos brgyud khag gi chos 'byung dang lta grub mdor bsdus 'khrul sel papá pa'i sgo' byed ces bya ba bzhugs so*. Nueva Delhi: Indraprastha Press, 2003.

Lecturas Adicionales

Dudjom Rimpoché. *La Escuela Nyingma del Budismo Tibetano*. M. Kapstein y G. Dorje (traducción.). vol. I-II. Boston: Wisdom Publications, 1991.

Gyatso, T. (Dalai Lama). *El Mundo del Budismo Tibetano: Una Visión General de su Filosofía y Práctica*. Boston: Wisdom Publications, 1995.

Dai Lama. *Ética para el Nuevo Milenio*. Nueva York: Riverhead Books, 1999.

Gyatso, K. N. *Ornamento de La Luz Inmaculada: Una Exposición del Tantra de Kalacakra*. G.

Kilty (traducciones). La Biblioteca de Clásicos Tibetanos, 14. Boston: Wisdom, 2004.

Ray, R. A. *Verdad indestructible*: *La Espiritualidad Viviente del Budismo Tibetano*. Bostón: Shambhala Publications, 2000.

Reginald A. Ray. *Secreto del Mundo Vajra*: *El Budismo Tántrico del Tíbet*. Bostón: Shambhala Publications, 2001.

Smith, E. G '"Jam mgon Kong sprul y el Movimiento no Sectario", Entre Textos *Tibetanos*: *Historia y Literatura de la Meseta del Himalaya*. Boston: Wisdom Publications, 2001.

Stearns, C. *El Buda de Dolpo*: *Un Estudio de la Vida y el Pensamiento del MaestroTibetano, Dolpopa Sherab Gyaltsan*. Nueva York: State University Of New York Press, 1999.

Thondup, T. *Civilización budista del Tíbet*. *Nueva York*: Routledge y Kagan Paul Inc., 1987.

Williams, P. *Budismo Mahayana*: *Sus Fundamentos Doctrinales*. Londres: Routledge, 1989.

GLOSARIO

A

Abhidharma (*chos mngon pa*): Las enseñanzas de Buda sobre las ciencias internas y externas incluyendo filosofía, metafísica, psicología, fenomenología y cosmología; las escrituras de Abhidharma describen los elementos de la experiencia y los procesos analíticos para descubrir de manera experiencial la naturaleza de los fenómenos existentes.

Abhidharma-pitaka (*mngon chos kyi sde snod*): La colección de escrituras de Abhidharma. Ver "Abhidharma" y "Tripitaka".

Arhat (*dgra bcom pa*): Un adepto espiritual que ha conquistado al enemigo interno de las emociones aflictivas y ha alcanzado el nivel Hinayana de la iluminación.

Avalokiteshvara (*spyan ras gzigs*): El bodhisattva de la compasión; el que mira a los seres vivos en todas las direcciones para aliviar su sufrimiento.

B

Bodichita (*byang chub kyi sems*): "mente del despertar" El deseo y la práctica altruista de beneficiar a otros para establecer a todos los seres en el último estado de la budeidad iluminada; la práctica real de generar bodichita se divide en bodichita de aspiración o mente aspirante del despertar (*smon pa'i sems bskyed*), y bodichita de aplicación o mente aplicada del despertar (*'jug pa'i sems bskyed*).

Bodhisattva (*byang chub sems dpa'*): Un practicante Mahayana que ha desarrollado la mente del despertar *(bodichita)*. En general, hay tres tipos de bodhisattvas: 1) aquellos que son como reyes, que ascienden al trono de la budeidad para asegurar la iluminación de los demás; 2) aquellos que son como barqueros, atravesando las aguas del samsara a la par con todos los que ayudan; 3) los que son como pastores, cuidando por la seguridad de su rebaño antes de atenderse a sí mismos.

Budeidad (*sangs rgyas pa*): Un buda completamente despierto; es el estado en que todas las impurezas son purificadas y todas las cualidades iluminadas son expandidas

C

Cittamatra (*sems tsam pa*): Escuela Mahayana de filosofía budista que se desarrolló en India y se transmitió al Tíbet; la escuela de pensamiento Cittamatra fue fundada por Asanga en el siglo VI D.C. y es una subdivisión de Yogachara; su premisa filosófica primaria es que todas las apariencias son simplemente la mente y son inseparables de las percepciones mentales enraizadas en la base universal de la conciencia o alayavijnana.

Cuatro Nobles Verdades (*'phags pa'i bden pa bzhi*): Estas cuatro verdades son: 1) sufrimiento (*sdug bsngal*); 2) el origen del sufrimiento (*kun 'byung*); el cese del sufrimiento (*'gog pa*); 4) el sendero hacia la cesación del sufrimiento (*lam*).

D

Dharma (*chos*): palabra Sánscrita que significa las enseñanzas de Buda.

Dharmakaya (*chos sku*): "dimensión última de la realidad" Lo último o absoluto, dimensión de todo lo conocido y lo desconocido; lo que es realizado y encarnado por un buda.

Dzogchen (*rdzogs pa chen po*): "La Gran Perfección" El pináculo de los nueve vehículos sucesivos del logro espiritual en el sistema Nyingma; una práctica tántrica sutil de reconocer la naturaleza radiante e inalterada de la mente y la realidad.

E

F

Fase de la generación (*borde bskyed*): La fase elaborada de la visualización creativa en la que el adepto genera o desarrolla una deidad de la meditación a través del sonido, imágenes y gestos corporales. Ver también "fase de la perfección".

Fase de la Perfección (rdzogs rim): La fase sutil de la práctica tántrica en la que un adepto perfecciona o completa la fase de la generación, la visualización creativa y la actualización de su deidad de la meditación. Ver también "fase de la generación".

G

Gran Madhyamaka (*dbu ma chen po*): "EL Gran Sendero Medio" tradición Mahayana, filosofía que se desarrolló en la India, las cual se transmitió al Tíbet. Término utilizado en una amplia variedad de contextos, pero generalmente es sinónimo de la visión zhentong. Ver también "Madhyamaka".

La Gran Perfección: Ver "Dzogchen"

H

Hinayana (*theg pa dman*): "Vehículo menor" Las enseñanzas y el enfoque budista. Enseñanzas que se centran en las Cuatro Nobles Verdades: el origen interdependiente y las prácticas de abstenerse de acciones dañinas. Es un vehículo de transformación espiritual enfocado en la liberación del individuo del samsara.

I

J

K

Kalachakra / EL Tantra de Kalachakra (dus 'khor / dus 'khor rgyud) " Rueda del tiempo" / " LA Rueda del Tiempo" Un gran tantra del período de la traducción posterior, y sus sistemas relacionados de cosmología tántrica, medicina, psicología y ciencias de la meditación.

L

M

Madhyamaka (dbu ma pa): "Filosofía del Sendero Medio" Escuela budista Mahayana, filosofía que se desarrolló en la India y se transmitió al Tíbet; la escuela de pensamiento Madhyamaka fue fundada por Nagarjuna en el siglo I D.C. y se divide en las subescuelas Prasangika y Svatantrika; su punto de vista filosófico principal es el de la vacuidad más allá de los extremos del absolutismo o el nihilismo; asimismo es una filosofía que no postula nada como intrínsecamente existente. Ver también "Prasangika" y "Svatantrika".

Mandala (dkyil 'khor): Representación simbólica de una deidad central en su entorno, utilizada como una meditación tántrica de la visualización y la generación mental; Las ofrendas del mandala se utilizan como representaciones de todo el universo para ofrecer y realizar ofrendas dentro de los rituales tántricos.

Mahayana (theg pa chen po): " El Gran Vehículo" Las enseñanzas y el enfoque budista se centran en las prácticas de un bodhisattva a través del cultivo de la compasión y la sabiduría que realiza la vacuidad; las escuelas de filosofía mahayana son Cittamatra y Madhyamaka; el vehículo de transformación espiritual preocupado por liberar a todos los seres del samsara.

Mahamudra (phyag rgya chen po): " Sello Simbólico" o "Gran Sello" Sistema de las instrucciones y técnicas de meditación basadas en la visión tántrica de transformación según las tradiciones Sarma; prácticas contemplativas precisas de reconocimiento de la naturaleza inseparable de la mente y los fenómenos.

Maitreya (byams pa): El futuro Buda. Es el quinto Buda de este eón y es actualmente el regente del Buda Shakyamuni en la Tierra Pura de Tushita; autor de los Cinco Tesoros de Maitreya transcritos por Asanga.

Manjushri (*'jam dpal*): El bodhisattva de la sabiduría; es la encarnación de la suprema gentileza y visión penetrante de la naturaleza vacía de la realidad.

N

Nagarjuna (klu sgrub): Adepto budista indio que vivió durante el siglo I D.C. Fundador de la escuela Madhyamaka de filosofía budista.

Naturaleza Búdica (*bde gshegs snying po*): "esencia iluminada". El concepto Mahayana de una esencia pura, luminosa y permanente o naturaleza que impregna a todos los seres, y es la base para la realización de la budeidad.

Nirvana (*mya ngan las 'das pa*): La extinción definitiva de las fuentes del samsara; el estado de libertad de los tormentos de renacer en las interminables rondas de nacimiento y sufrimiento; también sinónimo de ser un buda o el logro de la budeidad, el estado de iluminación insuperable más allá de las ilusiones.

O

Orgyan (*o rgyan*): Ver "Uddiyana".

P

Pandita: Palabra India para un erudito realizado.

Potala (*po ta la*): Tierra Pura, residencia de Avalokiteshvara.

Prasangika *(thal 'gyur pa)*: Subescuela de la filosofía Madhyamaka desarrollada en la India por Buddhapalita y Chandrakirti, posteriormente difundida en el Tíbet. El sistema de la filosofía budista Madhyamaka refuta la proposición de un oponente al identificar y contradecir la consecuencia del pensamiento del oponente como extrema.

Q

R

Rangtong (*rang stong*): "Vacío intrínseco" Sistema filosófico Madhyamaka y visión que sostiene que todos los fenómenos están vacíos de su propia naturaleza intrínseca; opuesto a la visión zhentong. Ver también "zhentong".

Rimed (*ris med*): Movimiento intelectual sincrético de las tradiciones budistas Tibetanas durante la última parte del siglo XIX que se inició en el este del Tíbet; se refiere al enfoque no sectario de las prácticas espirituales y la comprensión filosófica de las tradiciones budistas Tibetanas.

S

Sarma (*gsar ma*): Ver "Tradiciones de la Traducción Temprana".

Samsara ('khor ba): Condición ordinaria de los seres no iluminados que giran sin cesar en la frustración y el sufrimiento; el ciclo de la existencia arraigado en el desconocimiento de la naturaleza de la realidad.

Sautrantika (*mdo sde pa*): Una de las cuatro principales escuelas filosóficas budistas Indias; Escuela Hinayana de filosofía budista que deriva su significado de los sutras, en oposición al Abhidharma.

Shravaka (*nyan thos pa*): "Oyente" o "Escuchante" Practicante budista dedicado al Hinayana o Primer Giro de las Enseñanzas de Buda; al comprender las Cuatro Nobles Verdades y la falta de un yo independiente, un shravaka se da cuenta de cómo el sufrimiento impregna el samsara; las cuatro etapas espirituales de un shravaka son: 1) "Entrar en la corriente"; 2) "Vuelta única" o el que retorna solo una vez; 3) "No Retornante"; 4) "Arhat".

Siddha (*grub thob*): Consumado adepto espiritual que ha dominado la habilidad de realizar tanto los poderes supremos como los ordinarios o siddhis.

Sutra (*mdo*): Discurso de Buda; escritura que registra el Hinayana de Buda o enseñanzas Mahayana en oposición a un tantra.

Sutra-pitaka (*mdo sde'i sde snod*): La colección de escrituras Sutra. Ver "Sutra" y "Tripitaka".

Svatantrika (*rang rgyud pa*): Subescuela de la filosofía Madhyamaka desarrollada en India. Posteriormente se difundió en el Tíbet; el sistema de filosofía budista Madhyamaka establece sus conclusiones basándose en inferencias autónomas.

T

Tantra (*rgyud*): Escritura que registra las enseñanzas Vajrayana de Buda en oposición a un Sutra.

Tathagata (*de bzhin gshegs pa*): Una designación para el buda que significa el que ha ido más allá de la conciencia ordinaria y por lo tanto ha trascendido el samsara.

Tradiciones Posteriores de la Traducción (*phyi 'gyur*): El cuerpo de la literatura y sus pensamientos asociados y prácticas traducidas después del siglo XI; estas tradiciones incluyen Sakya, Kagyu, Jonang y Geluk; sinónimo de "Sarma" (*gsar ma*) o "Nuevas Tradiciones".

Tradiciones Tempranas de la Traducción (*snga 'gyur*): El cuerpo de la literatura y sus pensamientos asociados y prácticas traducidas durante los reinados de los reyes tibetanos Trisong Deutsen y Ralpachen en el siglo IX; sinónimo de "Ningma" (*rnying ma*) o la "Tradición Antigua".

Tres Joyas o Tres Gemas Preciosas (*dkon mchog gsum*): Estas son las fuentes de refugio para un budista; estas, son: 1) Buda; 2) el Dharma o las enseñanzas de Buda; 3) el Sangha o la comunidad budista.

Tripitika (*sde snod gsum*): "Tres Colecciones de Escrituras budistas" o "Tres canastas" Estas tres colecciones de enseñanzas de Buda Shakyamuni son el Vinaya-pitaka o colección de códigos éticos, el Sutra-pitaka o colección de discursos y el Abhidharma-pitaka o colección de ciencias internas y externas; juntas, estas tres colecciones comprenden el Canon budista.

U

Uddiyana: País ubicado al noroeste de la antigua India, lugar donde nació Padmasambhava.

V

Vaibhashika (*bye brag smra ba*): Una de las cuatro principales escuelas filosóficas budistas Indias; escuela Hinayana de filosofía budista que deriva su significado del Mahavidhasa Abhidharma.

Vajrayana (*rdo rje theg pa*): Vehículo budista de las enseñanzas que se concentran en tomar el fruto de la realización espiritual como el sendero de la transformación a diferencia de los vehículos Hinayana o Mahayana.

Vinaya (*'dul ba*): El conjunto de las enseñanzas de Buda que definen el código de ética de la vida monástica budista

Vinaya-pitaka (*'dul ba'i sde*): La colección de escrituras Vinaya. Ver "Vinaya" y "Tripitaka".

Vishuddha (*yang dag*): "Deidad iracunda Vajra" o "Vajra Heruka" "Vishuddha" literalmente significa "perfectamente"; se refiere a la deidad iracunda (*Skt: heruka*) de la familia vajra de enseñanzas tántricas, y es una de las ocho prácticas principales de la tradición Nyingma.

W

X

Y

Yidam (*yi dam*): "Deidad de la meditación" La deidad personal de un practicante tántrico; una de las tres raíces o tres prácticas fundamentales del Vajrayana; la práctica de realizar las fases de la generación y la perfección de visualizar y actualizar una deidad.

Z

SOBRE EL AUTOR Y EL TRADUCTOR ORIGINAL

SOBRE EL AUTOR

Shar Khentrul Jamphel Lodrö Rinpoché pasó los primeros veinte años de su vida pastoreando yaks y cantando mantras en las mesetas del Tíbet. Inspirado por los bodhisattvas, dejó a su familia para estudiar en diversos monasterios bajo la dirección de más de veinticinco maestros de todas las tradiciones budistas tibetanas. Debido a su enfoque no sectario, se ganó el título de Maestro Rimé (imparcial), identificado como la reencarnación del famoso Maestro Kalachakra Ngawang Chözin Gyatso. Khentrul Rimpoché es considerado la séptima emanación del Bodhisattva Akasagarbha.

Cuando fue elegido maestro (khenpo) del prestigioso monasterio de Tsangwa, en Dzamthang, Rimpoché optó por renunciar a su cargo para dedicarse a la práctica estricta.

Aunque el núcleo de sus enseñanzas es el reconocimiento de que hay un gran valor en la diversidad de todas las tradiciones espirituales que se encuentran en este mundo, él se centra en la tradición Jonang-Shambhala. El linaje Jonang, que muchos eruditos occidentales creían extinto hasta hace poco, encontró que contenía las enseñanzas más avanzadas de Kalachakra (rueda del tiempo) que contienen métodos profundos para armonizar nuestro entorno externo con el mundo interior del cuerpo y la mente iluminada.

Desde 2014, ha viajado a más de treinta países guiando a los estudiantes a realizar su propia verdad sagrada de potencial ilimitado a través de una presentación clara y sistemática, paso a paso, del Camino de Kalachakra hacia la iluminación. Al enseñar a las personas a cultivar una mente flexible y eliminar los prejuicios, Khentrul Rinpoché aspira a crear comunidades basadas en la compasión, transformando este mundo en una era dorada de paz y armonía global.

SOBRE EL TRADUCTOR Y EDITOR ORIGINAL

Michael R. Sheehy es candidato a obtener un Doctorado en Estudios budistas en el Instituto de Estudios Integrales de California (CIIS) en San Francisco, California. La investigación de su tesis doctoral se concentra en la visión filosófica zhentong formulada dentro de la escuela budista tibetana Jonang. Es autor de varios artículos sobre budismo tibetano, y es Presidente de la Fundación Jonang (http://www.jonangfoundation.org/).

VISIÓN DE RINPOCHE

El Dzokden fue fundado con el propósito expreso de apoyar a Khentrul Rinpoche en la realización de su visión para una mayor paz y armonía en este mundo. A medida que nuestra comunidad continúa creciendo y desarrollándose, más y más personas se están involucrando con este extraordinario esfuerzo.

Para darles una idea del alcance de la visión de Rinpoche, podemos hablar de ocho objetivos que reflejan sus prioridades a corto y largo plazo:

OBJETIVOS INMEDIATOS

En última instancia, la felicidad duradera y genuina sólo es posible a través de una profunda transformación personal. Ahora más que nunca, necesitamos métodos para desarrollar nuestra sabiduría y actualizar nuestro mayor potencial. Es por esta razón que Rinpoche le da tanta prioridad a la preservación del Linaje Jonang Kalachakra. Hay cuatro formas en que Rinpoche propone hacer esto:

1. **Crear oportunidades para conectarse con un linaje auténtico y completo del Kalachakra en estrecha colaboración con meditadores dedicados en el remoto Tíbet.** Nuestro objetivo es crear todos los apoyos para la práctica de Kalachakra de acuerdo con los auténticos maestros del linaje que han mantenido esta tradición durante miles de años. Hacemos esto al encargar estatuas y pinturas, escribir libros y dar enseñanzas en todo el mundo. Ponemos especial énfasis en garantizar la autenticidad de nuestros materiales, aprovechando la experiencia profunda de meditadores altamente realizados que dedican sus vidas a estas prácticas.

2. **Establecer centros de retiro internacionales para el estudio y la práctica del Kalachakra.** Para integrar las enseñanzas en nuestras mentes, es crucial tener la oportunidad de participar en períodos de práctica intensiva. Por lo tanto, estamos trabajando para crear la infraestructura necesaria que respaldará y nutrirá a los miembros de nuestra comunidad para participar en un retiro a corto y largo plazo. Esto incluye la compra de tierras y la construcción de todo lo que se necesita para llevar a cabo retiros grupales y solitarios. Nuestro objetivo a largo plazo es desarrollar una red de dichos centros en todo el mundo, formando una comunidad global que respalde una amplia variedad de profesionales.

3. **Traducir y publicar los textos únicos y raros de los maestros del Kalachakra.** El Sistema de Kalachakra ha sido el tema de innumerables textos en el transcurso de la larga historia del Tíbet. Hasta ahora, solo una pequeña fracción de estos textos ha sido traducida y está accesible en Occidente. Si bien los textos teóricos son importantes, nuestro objetivo es centrarnos particularmente en 81 las instrucciones básicas que guiarán a los practicantes dedicados a una experiencia más profunda de estas profundas enseñanzas.

4. **Desarrollar las herramientas y programas para una experiencia de aprendizaje estructurado.** Con grupos de estudiantes distribuidos por todo el mundo, creemos que es importante aprovechar al máximo las tecnologías modernas para facilitar el proceso de aprendizaje para nuestros estudiantes. Nuestro objetivo es desarrollar una sólida plataforma educativa en línea que permita a nuestra comunidad internacional acceder a programas de estudio de calidad que sean intuitivos, estructurados y atractivos.

METAS A LARGO PLAZO

Mientras trabajamos para lograr la paz y la armonía suprema en nuestras propias mentes, no debemos perder de vista el hecho de que existimos dentro del contexto de un mundo lleno de una gran diversidad de personas. Estas personas dan lugar a una amplia variedad de creencias y prácticas que a su vez dan forma a cómo nos relacionamos e interactuamos entre nosotros. En esta realidad interdependiente, es vital encontrar estrategias viables para promover una mayor tolerancia y respeto. Con este fin, Rinpoche propone cuatro áreas específicas de actividad:

1. **Promover el desarrollo de una Filosofía Rimé a través del diálogo con otras tradiciones.** Con el deseo de ser miembros constructivos de una sociedad pluralista, debemos aprender formas de reconciliar nuestras diferencias. Con este objetivo, nuestra meta es ayudar a las personas a desarrollar las cualidades positivas que promueven una actitud de respeto mutuo, apertura a nuevas ideas y un deseo inquisitivo de superar nuestra ignorancia.

2. **Desarrollar modelos de conducta altamente realizados ofreciendo apoyo financiero a profesionales dedicados.** Para asegurar la autenticidad de nuestras tradiciones espirituales, es imperativo que haya personas que realicen las realizaciones más elevadas. Por lo tanto, nuestro objetivo es crear un programa de becas financieras que facilite a los practicantes genuinos que desean dedicar sus vidas al desarrollo espiritual, independientemente de su sistema de práctica. Al ayudar a las personas a actualizar las enseñanzas, se convierten en modelos positivos para quienes los rodean, inspirando y guiando a las generaciones venideras.

3. **Actualizar el gran potencial de las mujeres practicantes mediante el desarrollo de programas de capacitación especializados.** La cultura tibetana tiene una larga historia de cultivar maestros altamente realizados a través del entrenamiento intensivo de aquellos que son reconocidos por tener un gran potencial. Desafortunadamente, con demasiada frecuencia, la búsqueda de potencial se enfocó solo en los candidatos masculinos. Rinpoche cree que es cada vez más importante contar con modelos de roles femeninos fuertes y altamente realizados que puedan ayudar a lograr un mayor equilibrio en nuestro mundo.

Por esta razón, estamos trabajando para desarrollar un programa de capacitación único para brindar a las mujeres la oportunidad de actualizar su potencial espiritual. Nuestro objetivo es diseñar un plan de estudios especializado, así como la infraestructura financiera para apoyar plenamente todos los aspectos de su educación.

4. **Promover una mayor flexibilidad mental y una comprensión más amplia de la realidad a través de programas educativos modernos.** En un mundo que evoluciona rápidamente, debemos replantearnos los tipos de habilidades que les enseñamos a nuestros hijos. Las rígidas estructuras del pasado a menudo están mal equipadas para preparar a los estudiantes para los desafíos que enfrentarán durante sus vidas. Por lo tanto, nuestro objetivo es desarrollar una variedad de programas educativos que puedan ayudar a los niños a ser más flexibles y más capaces de adaptarse a su contexto. Una parte importante de estos programas es el desarrollo de una mayor conciencia del papel que desempeña nuestra mente en nuestras experiencias cotidianas. También buscamos introducir reformas en el sistema educativo monástico que los ayuden a ser más relevantes para este mundo moderno.

¿CÓMO PUEDES AYUDAR?

Nada de esto será posible sin tu apoyo y participación. Esta visión requerirá una gran cantidad de mérito y generosidad de múltiples benefactores a lo largo de muchos años. Si deseas ayudar, no dudes en contactarnos.

Dzokden
3436 Divisadero
San Francisco, CA 94123
United States of America

office@dzokden.org
dzokden.org